Donné le 3 Juillet 1785
a Monsieur Périn, Commissaire des
guerres et ~~Chef du Département de la Maréchaussée~~
au Bureau de la guerre;
~~par son très humble et obéissant serviteur~~
Aubineau duplessis Capt.ne aide major déformé
des Cipayes de Sauvaret. /.

M. Aubineau Duplessis a péri en Egypte...
voyez le voyage de M. Denon —

par Aubineau - Duplessis
V. Barbier

MANUEL
DU
CIPAYE;

CONTENANT quelques Réflexions sur le parti qne l'on pourrait tirer du Militaire Indien;

AVEC

Un Précis de l'Ordonnance de l'Infanterie, tant pour l'Exercice que pour tout ce qui peut mener à l'instruction d'une Troupe.

Le tout adapté à la formation particuliere des Corps des CIPAYES.

A PONDICHERY.

1784.

A MONSIEUR
LE MARQUIS
DE LA ROCHELUTON,

Chevalier de l'Ordre Royal & Militaire de S. Louis, & des Ordres de S. Lazare, Colonel d'Infanterie, & Inspecteur général des Troupes Indiennes.

Monsieur le Marquis,

J'ai reçu la lettre par laquelle vous m'annoncez ma réforme & mon embarquement pour France ; cette nouvelle m'offre, il est vrai, les moyens de procéder au rétablissement de ma santé ; mais elle ſerait peu intéreſſante pour moi, ſi ceux de me rendre utile n'exiſtaient beaucoup moins, depuis que le Corps d'Infanterie Indienne auquel j'ai été attaché pendant la guerre, eſt parvenu à un point d'inſtruction & de tenue dont vous m'avez vous-même témoigné votre ſatisfaction.

Ayant d'ailleurs paſſé ma vie à acquérir des connaiſſances propres au ſervice de la Cavalerie, mes talens ſeraient toujours fort bornés dans l'arme contraire; auſſi ne ſuis-je pas à regretter que les circonſtances n'ayent point permis la levée du Corps de troupes à cheval qui devait avoir lieu dans l'Inde: mais en attendant que j'aie le bonheur de pouvoir réaliſer mon zèle dans l'arme à laquelle je ſuis propre, permettez-moi, Monſieur le MARQUIS, *de vous adreſſer, avant mon départ de l'Inde, les Réflexions que l'amour de mon devoir m'a dicté ſur celle que je quitte.*

L'époque d'une nouvelle compoſition, & les ſoins que vous prenez pour aſſurer la conſiſtance du Militaire Indien, juſtifieront l'hommage que j'oſe vous faire de mes productions : heureux si elles peuvent fixer votre attention & vous paraître de quelque utilité !

Ce n'est que sous ce point de vue que la personne qui doit avoir l'honneur de vous voir, s'est chargée de remettre de ma part un Exemplaire de mon Ouvrage à chacun de mes camarades ; comme je les ai vû ne pouvoir, à tel prix que ce soit, se procurer l'Ordonnance de l'Infanterie, j'ai pensé que ce Précis, adapté à notre formation particuliere, pourrait peut-être leur être agréable. Au reste, je n'ai prétendu endoctriner personne ; j'ai cherché à m'instruire moi-même, afin de mieux remplir mes devoirs ; le bon exemple de mes camarades m'en a donné les moyens, & c'est par reconnaissance que j'ai travaillé à leur abréger des difficultés que j'avais éprouvé comme eux.

Il sera aussi délivré aux Bas-Officiers Européens, dans chaque Compagnie, la quantité d'Exemplaires que vous jugerez convenable ; si ensuite d'autres personnes veulent s'en procurer, & que la vente en ſoit permiſe, j'en abandonne tout le produit aux Cipayes du Bataillon où j'ai ſervi, réformés depuis la paix, & actuellement dans le beſoin, & ſur-tout à ceux que leurs bleſſures ont mis hors d'état de ~~ne~~ pouvoir continuer leurs ſervices. La perſonne qui a bien voulu ſe charger en mon abſence de toutes mes diſpoſitions à cet égard, en agira comme moi-même envers ces malheureux; je déſire ſeulement pour eux, que l'emploi du produit accrédite la vente; quant à moi je ne prétends rien au mérite ni au bénéfice de l'impreſſion.

Le bien du ſervice eſt le ſeul motif de mon entrepriſe, comme c'eſt auſſi le même motif qui vous fait agir, je me croirai plus que récompenſé, par l'avantage de vous donner de cette maniere un témoignage public du reſpectueux attachement avec lequel je ſuis,

MONSIEUR LE MARQUIS,

Votre très-humble & très-obéiſſant ſerviteur
A.... D.... Capit. à la ſuite de la Cavalerie.

PRÉFACE.

LE désir que j'avais de faire la guerre, m'avait fait prendre le parti de venir m'embarquer à Brest, pour aller servir en Amérique, où les fortes recommendations dont j'étais muni, jointes à quelques talens que j'ai pour la Cavalerie, m'assuraient un service avantageux dans un Corps de cette arme, pour laquelle j'ai toujours eut une inclination décidée; mais le destin auquel toutes les actions des hommes sont subordonnées, fit que par une suite de la sage discrétion que le Gouvernement exigeait alors pour les différentes destinations des vaisseaux, je me trouvai embarqué sur un de ceux que l'on ne sçut affirmativement *être de l'expédition de l'Inde*, que lorsqu'après plusieurs jours de navigation, *le Commandant de la Flotte fit signal de décacheter les Paquets*.

Nous étions alors à la hauteur de Lisbonne... par 36 degrés 47 minutes de latitude, & par 13 degrés, 14 minutes de longitude, ou environ..... du reste, la différence de cinq à six mille lieues a moins changé mon zèle, que mes espérances; car à mon arrivée dans l'Inde, au lieu d'être employé dans une arme où j'avais quelques moyens & beaucoup d'envie de me distinguer, je fus nommé à l'emploi d'Aide-Major dans un Corps d'infanterie Indienne, qui, depuis qu'il était levé, n'avait servi qu'à bord des vaisseaux.

Le préjugé de différence établi sur certaines troupes, dont la formation n'est pas la même que celle des autres Corps de l'Armée, bien loin de m'inspirer du dégoût, m'engagea à étayer ma conduite d'un zèle non équivoque, & d'une persévérante exactitude à remplir tous mes devoirs, persuadé qu'imitant en cela mes camarades, que je crois aussi jaloux que moi de s'attirer quelqu'estime, je pourrais y parvenir comme eux.

Le genre de service auquel avait été jusques alors employé le Corps auquel j'ai été attaché, avait tellement retardé

& empêché ſon inſtruction, qu'indépendamment de l'exercice & des manœuvres, j'ai été obligé d'enſeigner pratiquement moi-même à chaque Caporal la maniere de *conduire* une *Patrouille*, une *Poſe*, & de *relever* une *Sentinelle.*

M'étant trouvé ſeul pendant quelque tems pour faire cette beſogne, j'ai été à même d'éprouver quelle était pénible; de-là m'eſt venu l'idée de chercher à en diminuer les difficultés à quiconque pourrait un jour ſe trouver dans le même cas que moi.

Comme j'ai remarqué auſſi, que la *différence de notre formation*, & la *difficulté* de pouvoir *ici* ſe procurer à loiſir un exemplaire de l'*Ordonnance du Roi*, nous induiſait ſouvent *en erreur* ſur certains articles de celle de 1776, j'ai cru devoir interrompre le cours des réflexions que je faiſais *ſur le parti que l'on pourrait tirer du Militaire Indien*, pour m'occuper d'un article qui paraiſſait mériter au moins l'attention du moment, & être plus de ma compétence.

Je me suis donc appliqué à réduire sous un point de vue succinct & intelligible, autant qu'il a été en moi, tout ce que l'Ordonnance du Roi prescrit à une troupe sous les armes ; j'en ai adapté les différens principes, le plus *respectivement* qu'il m'a été possible, tant dans la FORMATION DE LA TROUPE EN BATAILLE, que dans les *différentes manœuvres* que peut faire un bataillon ; ne m'étant permis de *changemens* & *additions*, que ceux que *notre formation*, & la *nature des hommes que nous commandons*, m'a paru exiger, & ce, d'après les épreuves réitérées que j'en ai fait. Au reste, je ne fais ici que *proposer, laissant, comme je le dois, à disposer à qui il appartient.*

L'on trouvera *immédiatement* après la FORMATION EN BATAILLE, au Titre 3, de l'EXERCICE DE PIED-FERME, un modele bref & uniforme, que j'ai cru devoir proposer pour la *prononciation des commandemens*, à l'usage & pour la plus grande *facilité* des Officiers & Bas-

Officiers *Indiens* qui n'ont point l'*habitude de notre langue.*

L'on verra plus haut, au Titre 4, de la PROGRESSION DES MANŒUVRES, que celui de nous, ou des Bas-Officiers qui voudrait ſeulement trouver l'article particulier qui concerne ſon grade, peut y parvenir dans le moment, ſans être obligé de parcourir toute l'explication d'une manœuvre

J'ai cherché à lui éviter cette peine : heureux ſi j'ai réuſſi!... Au même Titre de la PROGRESSION DES MANŒUVRES, l'on trouvera généralement tous les commandemens, ainſi que les différentes manières de les exécuter, diviſés en DEUX COLONNES auprès l'une de l'autre.

Dans la 1re COLONNE, ſont généralement tous les *commandemens* du *Commandant en chef*, & ceux de chaque *chef de ſubdiviſion*, accolés, chacun, d'un *ſigne diſtinctif*, pour indiquer par qui ils doivent être faits ou répétés.

SIGNE *du Commandant en chef*.... ǂ

SIGNE *du Chef de ſubdiviſion*........ †

Dans la 2e COLONNE, à gauche & ſur l'alignement de chacun des *comman-demens* qui ſe trouve dans la *premiere*, l'on trouvera la maniere, & par qui le *commandement* doit être exécuté ; j'ai cru que cette méthode ſerait la plus commode pour quiconque veut s'inſtruire en peu de tems & ſans beaucoup de peine.

J'obſerve que, d'après l'ordre de progreſſion que j'ai établi dans mon ouvrage, tant dans l'explication que je donne de tout ce qui peut *ſe pratiquer de pied ferme*, que dans celle que je donne auſſi des différens mouvemens de *chaque manœuvre*, tout eſt conçu dans la gradation que peut obſerver un Chef pour faire les détails de ſes commandemens à une troupe, *que je ſuppoſe avoir beſoin d'être inſtruite*.

J'obſerve auſſi, que je ſerai plus que récompenſé ſi je parviens à m'attirer, par mon travail, le ſuffrage & l'eſtime de ceux pour qui je l'ai entrepris avec autant de plaiſir que j'en ai à le leur offrir ; animé par ce motif, j'ai cru devoir insérer à la suite de toutes les manœuvres, *l'explication des différentes manières de faire aux Tambours*, *les* SIGNAUX DE L'EPÉE *ou de la* CANNE, *avec l'*ÉNONCÉ DES BATTERIES *qu'ils indiquent, & de leurs différens usages*, le tout rangé aussi sur DEUX COLONNES. L'on trouvera au TITRE suivant, la maniere de passer les REVUES D'HONNEUR ET D'INSPECTION, ainsi que celles des COMMISSAIRES DES GUERRES; & la MANIERE DE FAIRE LES LIVRETS, fait la terminaison de mon Ouvrage.

Je sens bien que, nouvellement arrivé dans l'Inde, & *intrus* dans l'arme où je sers, j'aurai peu de grace à dire ce que je crois bien que d'autres ont pu penser comme moi; mais comme il ne paraît point contraire au bien des troupes Indiennes que quelqu'un de nous mette au jour ses idées sur différens objets relatifs au service desdites troupes, j'ai cru qu'on ne me saurait pas mauvais gré d'avoir fait le premier pas, ne doutant point que si tout autre veut en faire un second, la médiocrité de mes productions ne lui donne un moyen sûr de faire valoir les siennes.

J'avoue aussi, qu'ayant eu moi-même besoin d'acquérir des connaissances qui m'étaient étrangeres, puisque je n'avais jamais été employé dans l'Infanterie, & qu'ayant eu à cœur de ne pas rester long-tems neuf, me défiant du tems, de mes facultés, & n'ayant d'autre maître de tactique que l'amour de mon devoir; je fus obligé de consacrer plus d'une nuit à mettre en théorie ce que le jour je pratiquais. J'aurais donc tort de ne pas convenir que l'on peut plus & mieux que moi traiter de tout ce qui concerne généralement le Militaire Indien; mais comme le desir de me rendre utile est la seule chose qui ne m'ait point manqué, j'aime mieux que l'on dise de moi : *Il ne s'est pas avisé de tout*, que de dire : *Il ne s'est avisé de rien*.....

MANUEL
DU
CIPAYE.

RÉFLEXIONS
SUR
LE PARTI QU'ON POURRAIT TIRER
DU MILITAIRE INDIEN.

J'AI entendu dire à plusieurs personnes que l'on ne ferait jamais faire à un soldat Indien, ce que l'on fait faire à un soldat Européen.

Je réponds à cela que, abſtraction faite de cette vivacité & de cette élévation de l'ame, qui ne ſe trouve guère que dans le ſoldat Français, je ſuis preſque fondé à penſer le contraire; je conviens que, *ſans avoir égard à la diſtance qu'il y a entre ces deux individus*, tant pour le phyſique que pour le moral, ſi un officier ſe trouve reſtreint à employer les mêmes moyens avec le ſoldat Indien qu'avec le ſoldat Européen, il ne pourra jamais parvenir au but auquel doit tendre tout homme de notre métier, & dont la route n'eſt difficile que dans le principe.

Les avantages de la diſcipline d'un Corps proviennent toujours de la manière dont elle eſt adminiſtrée par le Chef; la plus grande attention de celui-ci doit donc être, à ce que je crois, de s'attacher à connaître l'eſprit de la troupe qu'il commande, afin d'aviſer, d'une manière certaine, aux moyens propres à la faire agir.

Personne n'a mieux prouvé l'excellence de ce systême, que M. *le Maréchal Duc de Richelieu*, à la *prise de Mahon*; l'on sait que ce lieu fut de tout tems fertile en vin; il y en avait alors une si grande abondance, qu'on ne pouvait empêcher le soldat de s'enivrer, quoique l'ordre eût été donné de fermer toutes les cantines. M. le Maréchal, qui connaissait l'esprit français, fit rendre la permission de vendre du vin, & ne défendit l'entrée des cantines à aucun soldat; mais il fit dire à l'ordre, *que celui que l'on aurait vu ivre, serait privé de l'honneur de monter à l'assaut.*

Cette menace fit une telle impression sur l'ame du soldat Français, qu'aucun n'osa se mettre dans le cas de la punition. *L'assaut fut donné, Mahon fut pris, & tout le monde eut part à la victoire.*

Ce trait sublime, qui caractérise le génie du Général, & qui n'est pas le seul qu'on puisse citer du vainqueur de Mahon, lui mérita les lauriers immortels dont il eut l'avantage de couronner lui-même ſes ſoldats. *

L'on remarque cependant que, malgré cette grande tactique de ſentimens, reconnus avec raiſon chez le ſoldat Français, il eſt des occaſions où l'on ſe trouve forcé d'employer envers lui des moyens & même des punitions beaucoup plus phyſiques que morales, telles que la *priſon*, le *piquet*, *&c.*

D'après ceci, je dirai donc que, bien que je rende aſſez de juſtice au Militaire Indien, pour le croire auſſi ſuſceptible d'une ſorte d'émulation, la diſcipline *purement françaiſe* ne paraît en aucune façon propre à le conduire. En effet, quelle ſenſation peut faire la punition de la *garde du camp*, du

---

* Je ſais que ce trait eſt trop connu pour qu'on puiſſe aujourd'hui ſe faire un mérite en le citant, mais il ne ceſſera jamais de prouver que le ſuccès des armes dépend de la conſtante harmonie qui doit régner entre celui qui commande & ceux qui obéiſſent, & tout homme ſenſé ou bon Patriote ne trouvera jamais qu'un tel exemple ſoit trop répeté.

piquet ou de la *priſon*, ſur un Cipaye, qui a ſur le ſoldat Européen l'avantage de pouvoir coucher continuellement tout habillé ſur le ſable, & indiſtinctement, ſur-tout, où il ſe trouve. Si l'on ſuppoſe que cette punition attaque la délicateſſe de ſes ſentimens, *je dirai que c'eſt fort beau*; mais j'ai été à portée de vérifier que cette peine, ainſi que toutes celles d'un genre ſemblable, ne faiſaient ſur lui aucune ſorte de ſenſation; & comme nous ne pouvons nous diſſimuler que la diſcipline eſt *fort mal-à-propos* moins obſervée parmi nous que dans toutes les troupes de ligne, j'obſerve que, *puiſqu'aux grands maux il faut*, *dit-on*, *de grands remèdes*, il paraît de néceſſité abſolue d'uſer, avec une *raiſonnable ſévérité*, de certains moyens, qui, quoique contraires à l'eſprit de notre nation, n'ont pas laiſſé d'être employés, avec quelque ſuccès, dans des cas, à la vérité, indiſpenſables, *& envers certains ſujets.*

Je ne prétends cependant pas comparer nos Cipayes à des gens vicieux & indiſciplinables, tels que ceux dont je veux parler, ni inférer de-là qu'il faille toujours, ſans reſtriction, uſer envers eux d'une extrême rigueur; je dis ſeulement qu'on doit ſavoir, dans l'Inde comme ailleurs, que trop d'indulgence ou de relâchement dans la diſcipline d'un Corps, ouvre inſenſiblement la porte à quantité d'abus, dont il eſt enſuite difficile d'arrêter le torrent; que l'homme impatient d'un frein qui ne le retient qu'à demi, en ſecoue bientôt le joug, lorſqu'il eſpère l'impunité; ce qui ne lui ferait jamais venu à l'idée, ſi, par une ſuite de cette juſtice ſévère, dont la ſage adminiſtration fait la ſûreté & le garant des armées, l'on avoit ſu lui oppoſer à propos la crainte, qui, comme l'on ſait, eſt le plus puiſſant de tous les motifs.

L'exemple prouve quelquefois à la guerre, que la valeur & le courage d'une troupe déſordonnée, eſt cauſe de ſa perte, tandis que la ſubordination bien obſervée, ainſi que l'enſemble & même le ſilence inſpiré, ſoit par la crainte, ſoit par la confiance, peuvent donner à une troupe, bien inférieure à la première en qualités morales, les moyens d'en impoſer à l'ennemi, même juſques dans ſa retraite.

Si j'avais donc le malheur de ne pouvoir réunir dans un même ſoldat les qualités phyſiques & morales, quoiqu'elles ne ſoient pas incompatibles, j'aurais tort de ne pas chercher à tirer parti de celles qui doivent me faire réuſſir.

Quel eſt l'Officier qui, ayant l'amour de ſa patrie & de ſon devoir en tête, n'aimera pas autant être redevable de ſes ſuccès à la crainte ou à la confiance qu'il a inſpirées à ſes ſoldats, que de l'être de ſa perte ou de ſon déshonneur, à de braves effrénés dont il n'aura pu ſe faire obéir.

C'eſt dans ces momens de déſordre où quelques têtes troublées voyent le danger plus grand qu'il n'eſt en effet, que la valeur ſans diſcipline devient quelquefois nuiſible ; le ſoldat cédant auſſi-tôt à l'impulſion qui frappe ſes ſens, ne voit autour de lui que la mort, & ſon ennemi, même dans ſon ami qu'il fuit ou qu'il égorge.

C'eſt dans une circonſtance de cette nature, à l'attaque de nuit du 25 Juin 1783, qu'on a vu la Compagnie de Chaſſeurs du Régiment de L.... faire halte, & attendre avec tranquillité qu'on ait reconnu ce qui l'entourait, tandis que des ſoldats de différens Corps fuyaient à la débandade, malgré leurs Officiers qui faiſaient ce qu'ils pouvaient pour les contenir. Ces mêmes ſoldats s'étaient cependant couverts de gloire quelques jours avant, venaient à l'inſtant même de franchir un retranchement dont ils avaient chaſſé l'ennemi, & je les crois moi-même encore très-capables d'en franchir d'autres.

Mais d'où vient la raiſon d'un tel contraſte ?

trafte ? cherchez-la dans le cœur humain, dira tout homme fenfé. Cependant, fi, d'après certains Philofophes, les impulfions du cœur font les mêmes chez tous les hommes, pourquoi la même caufe n'a-t-elle pas produit le même effet fur les Chaffeurs de L...? Leur pofition régulière préfentant plus de front, les expofait davantage aux coups de fufil qu'on tirait de toute part. Je ne fronde fur cela l'opinion de perfonne; je dis feulement que les Officiers de ce Régiment, en menant à l'ennemi des hommes accoutumés de longue main à obéir, ont joui du fruit de leurs travaux, & de l'avantage d'être commandés par un chef qui fait concilier l'efprit de difcipline avec la valeur qu'il infpire.

Tout homme, tout foldat, fur-tout, s'il n'eft point brave, veut l'être ; la difcipline bien entendue lui en donne les moyens; elle peut même le rendre courageux : à force d'être observé dans toutes ses actions, il s'observera lui-même, se commandera, pour peu qu'il ait d'amour-propre.

L'honneur & la honte sont les véhicules les plus propres à faire agir notre nation : si un soldat qui désobéit dans l'occasion la moins conséquente, était deshonoré aux yeux de ses camarades, comme l'est celui qui fuit dans un combat, l'on toucherait bientôt à la perfection de la discipline.

Persuadé que l'objet qui doit fixer l'attention de tout homme jaloux de bien remplir nos devoirs, est de chercher d'abord à acquérir cette grande habitude du métier, qui fait qu'*un chef de peloton entre dans un point de direction comme s'il entrait chez lui ;* de méditer ensuite cette sublime science qui établit un concert & une harmonie de mouvemens entre mille ou cent mille bras, & de chercher le point d'où partent tous leurs ressorts, afin de pouvoir en hâter ou retarder à propos la marche.

Ayant fait, le plus que j'ai pu, profession de cette maxime, ainsi que de celles qui menent à connaître en détail la valeur d'un homme qui porte un fusil, & les moyens de le faire mouvoir, je crois être fondé à dire, que bien qu'en général nos Cipayes ayent la réputation d'être un peu timides de caractère, on ne laissera pas d'en tirer parti en les conduisant d'une certaine manière. J'ose dire, *& sans partialité*, que j'en ai remarqué de fort braves, & susceptibles d'être stimulés à une belle action dans le besoin, *pour peu qu'on sache les émouvoir;* je pourrais même en citer plusieurs exemples. Mais n'allons pas si loin sur les qualités de l'ame, sans parler un peu de celles du corps, qui ne sont pas à dédaigner dans un pays où, pour parvenir à conserver un soldat Européen, il eſt malheureuſement rare qu'*il n'en ait pas coûté deux.*

J'obſerve que ni les fiévreux effets du vent de terre, ni les tant ſoit peu *homicides rayons du ſoleil*, ni enfin aucune des révolutions du climat n'empêchent le ſoldat Indien d'être toujours prêt à marcher, & qu'il a, par-deſſus le ſoldat Européen, la faculté de pouvoir faire, à *pieds nuds*, & avec *continuité*, une fois plus de chemin que lui avec *une fois moins de vivres.*

Il eſt encore une différence avantageuſe entre le vrai Cipaye & le ſoldat Européen, en ce que chez les Indiens, l'homme qui naît de caſte ou génération militaire, eſt tenu, par les loix du pays, de ne pouvoir exercer, pendant tout le cours de ſa vie, d'autre profeſſion que celle des armes, & que ſes enfans naiſſent, de même que lui, le fuſil à la main. Cette loi paraît fort propre à ſe former de

bonnes

bonnes troupes, si l'on veut y porter quelque attention.

S'il en était absolument de même parmi les troupes Européennes, l'on ne verrait pas si souvent tel soldat, embrassant par fantaisie momentanée un état dont il ne remplit ensuite les fonctions qu'à contre-cœur, ne s'occuper que des moyens d'affranchir, *quelquefois, même à tel prix que ce soit*, un joug qui ne lui devient insupportable, que parce qu'il a l'espoir de pouvoir subsister ensuite d'une manière plus convenable à ses vues, tandis que tel autre, d'un caractère plus solide, & d'une façon de penser plus honnête, bien qu'il ait quitté une profession plus lucrative que n'est celle du soldat qu'il se trouve exercer, remplit de bonne grace toutes les fonctions de son nouvel état, mais n'en attend pas avec moins d'empressement l'époque de son congé pour reprendre son ancienne profeſſion, de manière que le moment où l'on pourrait tirer le plus de parti de ſon inſtruction, eſt celui où il ſe retire ; l'on ne ſaurait néanmoins blâmer celui-ci, parce qu'avec une telle façon de penſer, il ne manquera pas de continuer à ſe rendre utile à l'Etat ; & je penſe même que l'on doit des égards à l'homme qui ſait être alternativement *bon citoyen, bon ſoldat & bon artiſan.*

Nous avons bien, à la vérité, dans nos troupes une claſſe d'hommes qui n'exerce, de pere en fils, d'autre profeſſion que celle des armes ; mais c'eſt par ſimple vocation, & non autrement. *Heureux ſont les corps qui en comptent beaucoup de cette eſpèce !*

J'obſerve encore que les Indiens ne reconnaiſſaient point pour homme de *caſte ou génération militaire*, les Cipayes qui prennent le parti des armes, ne pouvant mieux faire ; tels que ſont *les Cou-*

lis, gens de la plus basse caste, naturellement dépourvus de toute faculté martiale, *& dont notre Bataillon se trouve malheureusement plus affublé que les autres.* Si la disette & le besoin des hommes est le motif qui ait pu les faire recevoir, je crois que le moment le plus favorable pour se *décipayer* de ces inutiles serviteurs, est celui où l'on paraît vouloir s'occuper d'une nouvelle formation. Il est cependant encore plusieurs autres Cipayes de différentes castes, avec lesquels les plus distingués ne dédaignent point de servir ; & je ne doute pas qu'au moyen de cette facilité, & de celle qu'il y a actuellement de se procurer des hommes, l'on ne parvienne bientôt à composer parfaitement les troupes Indiennes, pour peu qu'on veuille être difficile sur le choix.

Les Musulmans, sur-tout ceux de Patanne, Arcatte & Nagard, sont les meilleurs ; ils ont de la taille & de la tournure : d'ailleurs ils sont susceptibles d'un grand attachement pour le Chef qui a su leur inspirer de la confiance : ils ont aussi une manière de bravoure dont on pourrait *tirer parti, avec un peu d'adresse, attendu qu'ils puisent ce sentiment dans leur religion, & que le fanatisme est fort commun dans l'Inde.*

Les Anglais ont de très-beaux Cipayes, dont ils tirent véritablement un grand parti.

Voici les procédés qu'ils emploient ; ils n'en donnent le commandement qu'à des Officiers pourvus de qualités propres à faire un service plus pénible que ne l'est ordinairement celui des Troupes Européennes, & ils exigent que ces mêmes Officiers *apprennent la langue des gens qu'ils ont à commander.*

Ils ont dans le Bengale un dépôt dont l'établissement est sous le même point de vue que celui du Régiment des Gardes Françaiſes à Paris; & indépendamment de ce dépôt, chaque Officier attaché auxdites Troupes, a la faculté d'avoir à ſon ſervice, ſuivant ſon grade, un, ou pluſieurs enfans du Corps, leſquels ſont habillés aux dépens du Roi où de la Compagnie, & touchent quelquefois la demi-paie, juſqu'à ce que leur âge leur permette d'être enrôlés. Ces enfans, élevés parmi la Troupe & les détails domeſtiques, apprennent *gradativement* la langue & les uſages de la nation qu'ils ſervent; ils s'y attachent, & deviennent enfin de très-bons ſoldats. Les Anglais ont auſſi pour leurs Cipayes un autre établiſſement, qui repréſente celui des Invalides en France, dans lequel l'adminiſtration pourvoit à la ſubſiſtance des gens qui ont perdu quelque membre à la guerre, ou de ceux à qui l'âge ou la ſanté ne permettent plus de ſervir.

Il ne m'appartient point de proposer pour exemple les moyens qu'emploient nos ennemis, pour avoir de meilleurs Cipayes que nous. On remarque aisément que l'importance qu'ils mettent à ce genre de troupes, tient beaucoup à celle de leurs possessions dans l'Inde; que les nôtres étant moins étendues & d'un moindre produit, nous sommes obligés de réformer, à la paix, des levées qui, s'étant faites *à la hâte au moment de la guerre*, ont toujours rendu peu de services.

Mais comme un *mauvais soldat coûte autant, & même plus, à former & entretenir qu'un bon*, il paraît nécessaire de procéder avec la plus grande exactitude, à la bonne composition & discipline du petit nombre de Cipayes que nos moyens nous permettent de conserver pendant la paix, afin que ceux qu'on est obligé de lever aux premières hostilités, *ne puissent prendre que de bons principes.*

Si donc le Ministère veut y porter quelque intérêt, que l'on mette en comparaison les grandes facultés des Anglais en général, avec celles dont chaque Français est susceptible en particulier : j'avance, & sans m'écarter de l'estime que je porte véritablement à la Nation Anglaise, que l'on trouvera encore les moyens de se distinguer au service de la nôtre.

La composition & discipline des Corps de Cipayes paraît donc être un des objets qui doit fixer l'attention en tems de paix, *afin d'en tirer avantage en tems de guerre ;* & la sécurité dont nous jouissons actuellement, invite à s'en occuper sérieusement.

Tout le monde sait, *ou ne sait pas*, qu'à la couleur près, un vrai Cipaye peut être regardé comme un être doué de raison ; &, *toute comparaison à part*, personne n'ignore qu'un éléphant, un chameau, une couleuvre est, chacun en droit soi, un animal quadrupède ou rampant, chez qui le goût des ſciences ne fut jamais un don de la nature : mais après avoir remarqué dans l'Inde juſqu'à quel point de perfection l'inſtruction de ces bêtes a été portée par des Noirs ſans lumieres ni principes, qui ſe ſont appliqués à en tirer utilité ou bénéfice ; s'il arrivait de rencontrer quelqu'un de nos ſemblables, qui, n'ayant pu réuſſir à former, *auſſi bien qu'il eſt poſſible de le faire*, des hommes dont l'inſtruction lui aurait été confié, donnerait pour raiſon que ces hommes n'entendent point ſa langue, *ſuppoſé qu'on ne lui conſeillât point d'apprendre la leur*, ne ſerait-on pas en droit de lui repréſenter que les brutes dont je parle n'en entendent aucune? que cependant on eſt parvenu à les inſtruire, à force de perſévérance, & par des ſignes qu'on ne s'eſt point laſſé de leur répéter ; que ce dernier procédé, ou tout autre que la bonne volonté ſeule indique, peut réuſſir auſſi avec les Cipayes, ſi on veut y mettre

de

de la ſuite. *J'oſe dire même que l'expérience m'a prouvé l'efficacité de cet expédient ; & voici l'exemple que je peux en citer.*

En arrivant à la côte de Coromandel, j'avais pris à mon ſervice un jeune Indien, fils d'un de nos Sergens ; l'âge de cet enfant lui permettait à peine de porter un fuſil, mais le goût que je remarquai en lui à me ſuivre & m'obſerver par-tout où mon devoir me portait pour l'inſtruction de la Troupe, me fit entreprendre de lui montrer l'exercice ; j'y parvins, à force de ſignes & de démonſtrations ; *car je ne ſavois pas encore un mot de la langue.* Il répondit mieux que je ne l'eſperais à mes ſoins, car il fut au bout d'un mois non-ſeulement en état d'exécuter, mais encore de faire lui-même en français tous les commandemens de l'Ordonnance ; ce qui m'ayant déterminé à lui faire obtenir la paie de ſoldat, je le plaçai comme *hômedèle* devant le front de la Troupe que j'exerçais, & *j'eus la satisfaction de voir qu'il excitait l'émulation.*

De plus, la bonne contenance que cet enfant a tenu, tant à la journée du 13 Juin 1783, *sous Goudelour*, qu'à la sortie de nuit du 25 au 26, me fait dire sans, toutefois, fronder l'opinion de personne, qu'il est quelques Indiens susceptibles de bravoure & d'attachement : en effet, *Ramsamy* n'est pas le seul qui m'ait mis dans le cas d'être de cet avis, mais il était plus connu qu'un autre; & je cite son nom autant pour l'encourager que pour prouver à sa Nation, que, *parmi nous*, la reconnaissance est un tribut que l'ame s'impose; d'ailleurs je ne peux m'y refuser envers ce jeune Indien, puisque son attachement pour moi fut le premier moteur des bonnes qualités dont son âge le rendait à peine susceptible.

Ayant enfin pris le parti de le mettre au nombre des instructeurs du Bataillon, il s'acquitta à merveille, & mieux qu'aucun autre, de ses fonctions, au grand étonnement de ses compatriotes & des Officiers Européens, qui furent à portée de juger du progrès que faisaient en peu de tems les recrues dont il était chargé de l'instruction.

Il s'en faut cependant que je donne les moyens qui m'ont réussi pour une découverte ; car je ne suppose point qu'aucun de nous ignore que l'on trouve aisément ceux de bien remplir ses devoirs, quand on met de la bonne-foi à les chercher.

Par une suite de ce raisonnement, & de tout ce que j'ai été dans le cas de remarquer, je mets en fait que, supposé qu'un Cipaye n'ait pas les facultés de jugement & de conception propres à saisir théoriquement les élémens de son métier, il est au moins de force à les apprendre par pratique, de manière même à ne les oublier de sa vie, si l'on s'attache bien à lui en démontrer la routine ; mais comme l'habitude est, *dit-on*, une seconde nature, il est essentiel de n'en point contracter de mauvaise. En effet, j'ai quelquefois remarqué que parmi des êtres bien pensans, il s'en trouvait plus d'un qui, étant contraints de pratiquer pendant long-tems une même chose, en oubliaient finalement les principes de théorie les mieux raisonnés, pour n'en pratiquer l'exécution que machinalement & par routine.

Il y a plus, & ceci peut être considéré comme la base de tout le raisonnement ci-dessus.

Si un homme á pu monter les ressorts d'une machine inanimée quelconque, pour les faire mouvoir à commandement; un autre homme peut monter ceux de la mémoire, *ou de tel autre sens* de l'individu le plus difficile à émouvoir, s'il veut s'en donner la peine.

Car il est prouvé que l'homme dépourvu d'un sens est toujours dédommagé par la finesse des autres, & qu'il est bien peu de facultés qui ne se développent à force de volonté & de persévérance; en effet, les muets se font entendre par signes, & les sourds comprennent ce qu'on leur dit, pour peu qu'ils s'appliquent à obſerver le mouvement des lèvres de celui qui parle ? ne ſait-on pas auſſi que les mains de certains aveugles ſont des balances, & que leurs doigts ſont des compas ; qu'ils ſavent diſtinguer une rue d'un cul-de-ſac, & eſtimer la proximité du feu, en raiſon de la chaleur qu'ils reſſentent ?

N'a-t-on pas vu, il y a quelques années, à Cambridge, un Anglais tellement attaché à ſa profeſſion, qu'il continuait à enſeigner les Mathématiques, malgré qu'il fût devenu aveugle ? Ne cite-t-on pas auſſi un Philoſophe de l'antiquité, qui, s'étant trouvé dans le même cas, pour avoir lu dans les ſecrets des Dieux, n'en continua pas moins la profeſſion d'Aſtrologue ?... *Mais ceci eſt une autre affaire.*

L'exercice & les manœuvres ſont des procédés de convention, qui pourraient s'exécuter indiſtinctement ſur *tel* ou *tel* commandement indiqué ; fût-il même contraire à l'exécution & à la nature du mouvement, c'eſt-à-dire, que l'on pourrait auſſi bien accoutumer un ſoldat, ou tout autre homme, à s'arrêter ſur le commandement, *marche*, qui eſt le commandement *contraire*, comme ſur le commandement, *halte*, qui eſt le commandement *propre*.

Convaincu de cette vérité, je dirai donc que le Commandant d'un Corps de Cipayes, ayant ſous ſes ordres un nombre ſuffiſant d'Officiers & Bas-Officiers Français & Indiens, parmi leſquels il s'en trouve toujours qui parlent *les deux langues*, il ne peut manquer de faire entendre à ſa Troupe juſqu'aux plus petits détails du ſervice, & que pour peu qu'il mette de ſuite aux premiers ordres qu'il aura donnés, l'exactitude s'en ſuivra comme par-tout ailleurs.

Il ſerait à déſirer, pour la perfection de la choſe, que l'on fit un extrait des Réglemens de ſervice, en adaptant à notre formation certains articles, que par ſa nature elle rend ſuſceptibles de changement; qu'on en fit faire la traduction en langue Malabare, & que lecture en fût faite de tems en tems dans les Corps de Cipayes, à chaque Compagnie en particulier, ou autrement; bien entendu qu'elle devrait être réitérée assez souvent à un Recrue, pour qu'après six semaines d'instruction, il ne puisse prétendre cause d'ignorance sur les principaux devoirs de son état, sans être fortement répréhensible.

Le principe d'exacte & sevère discipline que je regarde comme indispensable pour *nous autres* Cipayes, étant soutenu par une Tactique honnête & scrupuleuse dans l'administration des intérêts du subalterne, pourrait bien faire de nous de *vrais soldats plutôt qu'on ne s'y attend.*

Il est évident que si l'on pouvait supposer qu'une considération quelconque empêchât jamais le supérieur de punir le subordonné qui manque à son devoir, l'on pourrait aussi être assuré que celui-ci irait toujours de mal en pis; que si au contraire un Officier se trouve en mesure de pouvoir, suivant l'occaſion, balancer un acte de rigueur, & même d'emportement avec un trait de bienfaiſance ou de ſimple généroſité, il pourra tirer un grand parti des hommes qu'il commande. Ce qui m'arriva à l'affaire du 13 m'eſt garant de ce que j'avance.

J'avais été détaché avec la moitié du bataillon, pour garder & défendre en ſous-ordre, la batterie des pièces de douze, près la *Tombe des Faquirs*, & ayant piqué en avant pour reconnaître le mouvement d'une colonne Anglaiſe, longeant le bord de la mer pour venir s'emparer d'un poſte qui pouvait nous devenir préjudiciable, j'obtins la permiſſion d'aller m'en emparer le premier, *ſi je le pouvais*.

Je ſentis bien que je n'y parviendrais que par une grande célérité & une ferme contenance; mais par ſuite du peu d'ordre qu'il y avait alors dans le Bataillon, je ne pouvais réuſſir à faire marcher mes Cipayes en ordre, *& encore moins les faire courir*; je pris donc le parti de promettre quelques roupies pour la ſection qui ſerait la premiere formée dans l'enceinte dont j'avais à cœur de m'emparer avant l'ennemi : chaque Cipaye ſe piqua de gagner la récompenſe promiſe ; mais je ne l'eus pas plutôt donnée, qu'ayant apperçu quelques-uns de mes combattans s'écarter furtivement du ſentier de l'honneur dans un moment, *à la vérité*, où nous fûmes attaqués aſſez vivement, je ne pus m'empêcher de courir deſſus mes fuyards, & j'en bleſſai un, je l'avoue, en faiſant bien eſpérer aux autres que je brûlerais la cervelle au premier *anti-guerrier* que je trouverais parmi nous.

Nos Cipayes, perſuadés que j'étais homme de parole, conſentirent tous à ſe porter en avant, à faire feu ; je conviens même qu'ils mirent tant de grace à la ſuite de cette réſolution, qu'il eſt de mon devoir de dire, à leur louange, qu'à cela près de quelques *eſtropiades*, ils eurent, en cette occaſion, un avantage complet ſur les rivaux de la gloire Françaiſe ; je dis *un avantage complet*, parce que parmi ces colosses noirs, vêtus de rouge, que je reconnus être des Cipayes du Bengale, je ne vis rester devant les nôtres que ceux à qui leurs blessures ôtaient la faculté de s'en fuir.

Je dois encore à nos Cipayes la justice de dire, qu'ayant eu besoin ensuite de placer plusieurs petits postes avancés pour la sûreté de notre enceinte, j'ai eu la satisfaction de les voir tous successivement passer le reste de la journée à faire le coup de fusil, & je n'ai eu d'autre mécontentement que celui qui m'a forcé de blesser le fuyard qui les entraînait.

Mais *heureusement pour ma tranquillité*, le Code Militaire convient avec moi, qu'il vaut mieux, en pareille occasion, tuer un lâche, que s'exposer à perdre son poste, ou son honneur.

CONCLUSION.

Il résulte de ce que je viens de dire, que, sans se donner de très-grandes peines, *chaque fusil en vaudra deux, quand on voudra.*

PRÉCIS

De l'Ordonnance de l'Infanterie, tant pour l'Exercice que pour tout ce qui peut mener à l'instruction d'une Troupe; le tout adapté à la formation particuliere des Corps de Cipayes.

TITRE PREMIER.

DE LA FORMATION EN BATAILLE.

ARTICLE PREMIER.

FORMATION en bataille d'un Bataillon de Cipayes, suivant l'ordre de sa composition.

LE Bataillon sera toujours rangé dans l'ordre ci-aprés; *savoir*, sur deux rangs de hauteur, suivant la formation adoptée dans l'Inde pour toutes les Troupes de l'armée.

La distance entre les rangs sera d'un pied, mesuré de la poitrine de l'homme du second rang au dos de celui du premier. Les files seront jointes bras à bras, sans se gêner, & la bayonnette sera toujours au bout du canon.

ARTICLE II.

Subdivision du Bataillon.

UN Bataillon de Cipayes doit être toujours, *ainsi que tout autre*, composé de deux demi-rangs; mais il diffère des troupes de ligne, en ce que l'étendue de son front doit être composée d'une Compagnie de Grenadiers, une de Chasseurs, & huit Compagnies de Fusiliers, appellées *Divisions*, comme par-tout ailleurs.

Formation des demi-rangs.

Le demi-rang de droite sera composé, *en comptant par la droite*, de la Compagnie du 1er, 2e, 3e & 4e Factionnaires, appellée 1re, 2e, 3e & 4e Division.

Le demi-rang de gauche sera composé, *à compter aussi par la droite de ce demi-rang*, de la Compagnie du 5e, 6e, 7e & 8e Factionnaires, appellée 5e, 6e, 7e & 8e Division.

Les Compagnies de Grenadiers & de Chasseurs ne faisant point nombre dans la totalité des Compagnies ou Divisions ci-dessus, seront toujours placées, savoir, les Grenadiers à la droite du demi-rang de droite, & les Chasseurs à la gauche du demi-rang de gauche.

Si quelque circonstance de service fait que les

Grenadiers se trouvent détachés, le Commandant peut les faire remplacer à la droite du Bataillon par les Chasseurs, bien entendu qu'il n'en sera pas de même des Grenadiers à l'égard des Chasseurs, si ces derniers se trouvent détachés.

ARTICLE III.

Formation des Compagnies de Grenadiers, Chasseurs & Fusiliers, & leur composition.

LES Compagnies de Grenadiers, de Chasseurs & de Fusiliers seront composées, *à compter par la droite*, de deux pelotons ou quatre sections, bien entendu que lesdites sections seront formées aux dépens, & à raison de deux, dans chaque peloton.

La subdivision de chaque Compagnie sera conçue de la manière suivante; 1er & 2e peloton, ou 1re, 2e, 3e & 4e section.

La composition de chaque Compagnie de Grenadiers, Chasseurs & Fusiliers, dans les Bataillons de Cipayes, ayant été fixée par M. le Marquis de Bussy, *à l'article 6* du Réglement en date du premier Avril 1783, à un Officier Européen & un Officier Indien, deux Sergens & quatre Caporaux Européens, deux Sergens & quatre Caporaux Indiens; la place de chaque Officier & Bas-Officiers ci-dessus dénommés, sera fixée aussi de la manière suivante.

ARTICLE IV.

Place des Officiers & Bas-Officiers Européens & Indiens dans les Compagnies.

L'OFFICIER Européen à la droite du premier rang & du premier peloton de sa Compagnie.

L'Officier Indien à la droite du premier rang & du second peloton.

OBSERVATION.

En plaçant l'Officier Indien immédiatement après l'Officier Européen, j'ai suivi *l'ordre de disposition du dernier réglement de M. le Marquis de Bussy, & ce qui se pratique dans le bataillon auquel je suis attaché*; mais comme ledit réglement ne s'explique pas en cette occasion sur ce qui concerne la formation sous les armes, & que dans les autres Bataillons les Bas-Officiers Européens sont employés avant les Officiers Indiens, j'observe qu'il serait à desirer que chacun de nous sût, d'une manière irrévocable, quelle est l'intention du Général sur cet article.

Place des serre-files & remplacemens Européens.

Le premier Sergent Européen derrière la gauche de la seconde section.

Le second Sergent Européen derrière la gauche de la quatrième section.

Le premier Caporal Européen derrière la droite de la première section.

Le second Caporal Européen derrière la droite de la troisième section.

Le troisième Caporal Européen en remplacement derrière l'Officier Européen.

Le quatrième Caporal Européen en remplacement derrière l'Officier Indien.

Bas-Officiers Indiens.

Le premier Sergent Indien derrière la droite de la seconde section.

Le second sergent Indien derrière la droite de la quatrième section.

Le premier Caporal Indien derrière la gauche de la première section.

Le second Caporal Indien derrière la gauche de la troisième section.

Le troisième Caporal Indien derrière le centre de la seconde section.

Et le quatrième Caporal Indien derrière le centre de la quatrième.

Il y aura de moins en serre-file derrière la gauche de la dernière Compagnie ou division de gauche du Bataillon, le second Sergent Européen, serre-file de gauche de la quatrième section, & le 3e Caporal Indien serre-file du centre de la seconde section, lesquels viendront se placer; *savoir*, le second Sergent Européen à la gauche du premier rang, & le troisième Caporal Indien derrière lui, à la gauche du second rang.

Nota. Si la ligne rompt à droite par divisions ou par pelotons, le troisième Caporal Indien, qui se trouve placé à la gauche du second rang, reculera en serre-file, pour laisser le second Sergent Européen seul sur le flanc; dans toutes les autres divisions ou pelotons, le serre-file le plus près de la gauche passera, pendant le mouvement de conversion, à la gauche du premier rang de sa division ou peloton, & y restera seul pour conduire le flanc; si au contraire la ligne rompt à gauche, le troisième Caporal Indien, & le second Sergent Européen, ci-dessus désignés, passeront en serre-file derrière la quatrième section, & le flanc droit de chaque division ou peloton sera alors appuyé par les Bas-Officiers de remplacement. Dans le cas où il n'y aurait pas un nombre suffisant de Bas-Officiers pour tous les serre-files & remplacemens ci-dessus désignés, l'on observera d'en placer d'abord un derrière la gauche de la seconde & quatrième section, dans chaque division ou Compagnie, bien entendu que dans la dernière Compagnie ou division de gauche, le serre-file de gauche de la quatrième section passera de préférence à la gauche du premier rang; l'on placera ensuite les Bas-Officiers de remplacement, & l'on continuera à placer les autres

autres Bas-Officiers, s'il en reste, dans l'ordre indiqué ci-dessus.

ARTICLE V.

Position & composition du peloton destiné à la garde du Drapeau.

LE Drapeau & sa garde sera toujours placé à la gauche, & faisant partie de la troisieme section de la Compagnie du quatrieme factionnaire appellée quatrieme division; de manière que de tel côté que rompe la ligne, soit par divisions ou par pelotons, il se trouvera toujours une section à la gauche de celle dont il fait partie.

La garde du Drapeau devant être composée de quatre sergens & quatre capotaux des plus anciens, sera formée aux dépens de chaque Compagnie de fusiliers, à raison de deux sergens Indiens & deux caporaux aussi Indiens, sur deux rangs, c'est-à-dire, que dans le demi-rang de droite, la première & seconde Compagnie fourniront chacune un sergent; la troisieme & quatrieme chacune un caporal, & qu'il en sera fait de même dans le demi-rang de gauche, le tout formant quatre files, y compris le Porte-Drapeau, qui sera placé au premier rang & à la seconde file, à compter par la droite. Le plus ancien desdits quatre sergens, sera tenu de passer en serre-file derrière ledit peloton pour céder sa place au Porte-Drapeau; l'on obſervera que leſdits ſergens & caporeaux, ci-deſſus déſignés, ne doivent être pris qu'après que les ſerre-files de gauche des ſecondes & quatrieme ſections auront été placés.

ARTICLE VI.

Place des Tambours.

LES Tambours ſeront toujours placés ſur deux rangs, à quinze pas derriere le centre du Bataillon ; lorſque la ligne rompra à droite ou à gauche, pour manœuvrer, ils exécuteront le même mouvement de converſion ſur leur terrein, & obſerveront, lorſque la colonne ſera en marche, ou fera quelque évolution, de ſe tenir toujours à la même hauteur & diſtance. Dans les revues d'honneur & d'inſpection, ils ſeront placés à la droite du Bataillon, reſteront de pied ferme lorſque la ligne rompra, & battront aux champs lorſqu'elle défilera auſſi ſans bouger de leur place ; mais auſſi-tôt que la Troupe aura défilé, ils courront prendre rang à la tête de la colonne, comme dans la marche de route, ſi toutefois la Troupe retourne au camp ou à ſon quartier.

ARTICLE VII.

Attention particulière de chaque Chef de peloton.

CHACUN étant à ſon poſte, l'attention indiſpenſable de chaque Chef de peloton doit être d'abord de compter, & se rappeller, *pour tout le tems que l'on devra rester sous les armes*, le numéro de son peloton dans le Bataillon & dans sa division; il parcourera ensuite l'étendue du front de son peloton, afin de pouvoir juger de la distance qu'il lui faudra dans les différentes manœuvres; il en marquera les sections, & fera remarquer à son serre-file de gauche la file droite, où commence la section qu'il doit commander.

Chaque Chef de peloton dans les Grenadiers & Chasseurs aura aussi l'attention de se rappeller le numéro de son peloton dans sa Compagnie, en parcourera l'étendue, & en marquera les sections, comme il vient d'être dit pour les Chefs de pelotons dans les Compagnies des fusiliers.

ARTICLE VIII.

Places des Officiers de l'Etat-Major.

LE Commandant se tiendra par-tout où sa présence sera nécessaire derrière ou devant le front de sa Troupe, ayant à portée de lui l'Aide-Major Européen dont le soin sera de veiller à l'exécution prompte & précise de tous les commandemens.

L'Aide-Major Indien devant avoir l'usage de la langue Française & Malabare, se tiendra aussi à portée du Commandant, & aura la plus grande attention de répéter en cette dernière langue & *en peu de mots*, tous les commandemens d'avertissement & d'exécution qui exigeront quelques détails.

ARTICLE IX.

Arrivée du Chef au Bataillon ; attentions particulières à chaque grade.

LE Commandant arrivant devant le front de son Bataillon, dont toutes les subdivisions doivent être marquées, sera faite un roulement, pendant lequel on s'alignera sur le centre, & le demi-rang de droite tournera vivement la tête à droite à la fin du roulement. Chaque Chef de subdivision doit porter la plus grande attention à ce que tel homme ne cherche à s'aligner qu'en voyant superficiellement la poitrine de l'homme placé au-dessus de celui qui le sépare.

Dès ce moment, le silence & l'immobilité étant aussi indispensables que doivent l'être *pendant l'exercice* la célérité dans les tems, & la précision dans les positions & évolutions, chaque Officier & Bas-Officier Européen ou Indien, & particulièrement ceux de serre-file, comme étant les plus à portée de voir ce qui se passe dans les rangs, seront tenus d'ordonner sur le champ la punition des fautes, même les plus légères, & le compte en sera rendu dans les momens de repos.

De tel côté que le Commandant ait désigné l'alignement, il exigera, même avec rigueur, s'il le faut, que toutes les têtes partent ensemble, & restent ensuite fixes & très-élevées; *car l'on ne parviendra jamais à s'aligner avec la tête basse & mobile.*

Comme la position du corps plus ou moins regulière, contribue à la perfection de l'alignement, il est à remarquer que *le grand vice de nos Cipayes* est d'avoir continuellement les talons éloignés l'un de l'autre, les pointes des pieds en dedans, & les jarrets ployés en tendant les genoux & le derriere; ce qui peut être une suite de la défectueuse attitude *que prennent ordinairement les Indiens lorsqu'ils sont accroupis*, ou peut-être de la négligence & de la mollesse qu'on a souffert à ceux-ci sous les armes; car j'ai remarqué aussi qu'ils étaient très-susceptibles de prendre la bonne position d'un soldat, quand celui qui les commande veut employer les *vrais moyens connus pour fixer leur attention.*

Chacun doit donc regarder ceci comme une des parties essentielles de ses soins.

OBSERVATION.

Je n'ai point cru devoir expliquer les mouvemens de chaque tems d'exercice, dans un projet d'instruction où il est question d'un Bataillon assemblé, & non d'un exercice de détail.

L'on ne trouvera donc pas mauvais qu'au Titre *de l'Exercice*, ci-après, je m'en ſoye tenu ſeulement à l'énoncé des commandemens, & aux attentions indiſpenſables pour leur exécution.

L'on ſait d'ailleurs qu'eu égard à la langue, il eſt d'ancien uſage dans le corps des Cipayes, de faire donner les premiers principes aux Recrues par les Officiers & Bas-Officiers Indiens; & que ſi les ſoins de l'Aide-Major Européen & Indien ne ſuffiſent point pour ſurveiller cette beſogne, c'eſt au Commandant à y nommer des Officiers & Bas-Officiers Européens, *& à leur donner les moyens de s'y rendre utiles*; qu'indépendamment de cette attention, chaque Officier commandant une Compagnie, doit être reſponſable de l'inſtruction d'icelle; que le Commandant du Bataillon peut faire exercer & manœuvrer en particulier chaque Compagnie par l'Officier qui la commande, toutes les fois qu'il le juge convenable, & que le Commandant de chaque Compagnie peut exiger à ſon tour pareils ſoins de ſon Officier Indien, ainſi que la plus grande exactitude de la part de ſes Bas-Officiers.

TITRE SECOND.

Du Détachement qui devra aller chercher le Drapeau.

ARTICLE PREMIER.

Composition du Détachement.

SI l'on doit avoir le Drapeau, & qu'il se trouve dans un lieu écarté du Bataillon, on l'enverra chercher par un peloton de Grenadiers ou de Chasseurs; & dans le cas que ces deux Compagnies fussent détachées, par un peloton de Fusiliers à tour de rôle.

ARTICLE II.

Marche & arrivée du Détachement à l'endroit où est le Drapeau.

LE peloton de détachement rompra par sections; le Porte-Drapeau se placera entre les deux sections, le Tambour-Major & la moitié des Tambours à leur tête.

Ce détachement se rendra ainsi l'arme au bras, sans bruit de caisse, à l'endroit où est placé le Drapeau, s'y mettra en bataille, en faisant face audit endroit, ayant les Tambours à sa droite.

Le Chef de la seconde section, le Porte-Drapeau, & deux Bas-Officiers du détachement iront chercher le Drapeau.

Lorsque le Porte-Drapeau sortira, suivi du Chef de la seconde section, & des deux Bas-Officiers, il s'arrêtera vis-à-vis le détachement, qui aussi-tôt présentera les Armes, *les Tambours battant aux Drapeaux.*

ARTICLE III.

Marche & arrivée du Détachement à l'endroit où le Bataillon est assemblé.

AUSSI-TÔT que le Commandant aura fait cesser de battre & porter les armes, le Chef de la seconde section rentrera à sa place, le détachement rompra ensuite par section, le Porte-Drapeau se placera aussi-tôt dans l'intervalle des deux sections, & les deux Bas-Officiers iront à leur poste. Alors les Tambours marcheront à la tête des deux sections, en recommençant à battre aux Drapeaux jusqu'au lieu où le Bataillon est assemblé.

Lorsque le détachement ne sera plus qu'à vingt pas de la Troupe, le Chef du Bataillon fera présenter les armes, le Porte-Drapeau filera seul à huit pas en avant du front du Bataillon, le peloton de détachement ira reprendre sa place dans sa Compagnie, en passant derrière le front; mais les Tambours resteront à la droite & sur l'alignement du Bataillon; ils ne cesseront de battre

& ne reprendront leur poste qu'après que le Drapeau sera placé.

Lorsque le Drapeau arrivera devant le centre du Bataillon, il s'arrêtera, lui fera face, & sera salué par le Commandant du Bataillon avant de reprendre la place qui lui est assignée au Titre 1er *de la formation en bataille*, Article 5. Lorsque le Porte-Drapeau sera placé, le Chef du Bataillon fera porter les armes.

Lorsque le Drapeau devra être reconduit, il le sera par la même escorte, & dans le même ordre qu'il a été amené.

TITRE TROISIEME.

Exercice de pied-ferme.

ARTICLE PREMIER.

OBSERVATION sur l'énoncé des commandemens pour la facilité des Officiers & Bas-Officiers Indiens.

L'EXPLICATION que l'on verra ci-après dans le présent article, ainsi que les deux différentes colonnes que j'ai rangées en ordre de comparaison l'une auprès de l'autre, à l'Article 2, 3, & 4 du présent Titre, justifieront la proposition que j'ai cru devoir faire d'un modèle *bref & uniforme pour la prononciation des commandemens, à l'usage & pour la plus grande facilité des Officiers & Bas-Officiers Indiens qui n'ont point l'usage de notre langue.*

La proposition que j'offre est une suite des principes d'adoption que j'ai retenus de quelques Officiers d'un mérite non douteux, & qui se sont trouvés plusieurs fois dans le cas de commander sous les yeux de la Cour, & j'ai cru qu'à cette considération, ou même sans cela, l'on pourrait volontiers l'adopter dans les Bataillons de Cipayes; le retranchement de quelques syllabes dans les commandemens y paraissant d'autant plus nécessaires que la plupart des Indiens, *à cause de la dialecte ou idiome de leur langue*, ne peuvent prononcer sans difficulté lesdits commandemens conformément à *l'énoncé de l'Ordonnance*, dont on trouvera ci-après l'ordre exact & successif dans la *première de mes colonnes.*

Cette dernière raison m'a donc déterminé à essayer moi-même, de faire commander lesdits Officiers & Bas-Officiers Indiens suivant *l'énoncé que je propose dans ma seconde colonne*, & l'expérience m'a prouvé que de cette manière ils parviendraient tous, comme nous, à n'avoir qu'un seul & même ton de commandement; mais pour y procéder en règle, il faudrait que chaque Bataillon voulût consentir à une école particulière d'instruction pour cet objet, & que chacun de nous voulût y sacrifier quelques momens pour montrer l'exemple. Indépendamment de ma proposition, j'observe que l'intention de l'Ordonnance du Roi est, que tout commandement fait dans le cours de l'exercice ou des manœuvres, *soit coupé;* il est cependant aisé de remarquer que les quatre commandemens ci-après *de l'exercice de pied-ferme*, font exception à la règle, & que tels ils sont écrits ou énoncés sur l'Ordonnance du Roi, tels ils se prononcent dans tous les Régimens.

SAVOIR:

Amorcez.	*Joue.*
Bourrez.	*Feu.*

ARTICLE II.

Exercice à rangs ouverts.

NOTA. L'Ordonnance du Roi dit en général que tous les commandemens seront prononcés d'un ton bref; mais elle n'indique point particulièrement à chaque commandement la forme de la prononciation; & j'ai écrit, comme on va le voir dans ma *première colonne*, tous les commandemens de *l'exercice de pied-ferme,* tels qu'ils sont imprimés sur ladite Ordonnance; mais j'ai mis dans ma *seconde colonne* tous les commandemens qu'il m'a paru possible d'abréger ou couper, sans trop s'écarter du vrai principe, de manière que les commandemens qu'on ne trouvera point dans ladite *seconde colonne*, devront être indispensablement prononcés tels qu'ils sont écrits dans la *première*.

Le Commandant préviendra par l'avertissement, *Garde à vous*, ou, *Bataillon*.

1re Colonne.	2e Colonne.	Manière d'exécuter.
Enoncé des Commandemens, conformément à l'Ordonnance du Roi.	*Prononciation proposée pour la facilité du Milit. Indien.*	
En arrière-ouvrez vos rangs.		*A ce commandement, l'homme de la droite du second rang, & celui de la gauche reculeront à quatre pas de distance du premier rang; l'homme de gauche s'alignera sur celui de droite.*
Marche.		*Au commandement*, Marche, *le premier rang ne bougera pas, mais le second rang reculera brusquement & sans compter les pas, pour s'aligner à droite entre les deux hommes ci-dessus désignés, lesquels resteront de pied-ferme; les serre-files suivront le mouvement du second rang, & s'aligneront entre eux aussi à droite.*

Les deux hommes du second rang, ci-dessus désignés, déterminent le mouvement d'un Bataillon entier comme d'une simple section.

1re COLONNE. ENONCÉ des Commandemens, conformément à l'Ordonnance du Roi.	2e COLONNE. *PRONONCIATION proposée pour la facilité du Milit. Indien.*	MANIÈRE D'EXÉCUTER.
Reposez vous-sur vos armes.	*Posez vous-armes.*	
Inspection-des armes.	*Inspection-armes.*	
Vos armes-à terre.	*Armes-terre.*	
Relevez-vos armes.	*Relevez-armes.*	
Portez-vos armes.	*Portez-armes.*	
Présentez-vos armes.	*Présentez-armes.*	
Portez-vos armes.	*Portez-armes.*	
L'arme-au bras.	*Arme-bras.*	
Portez-vos armes.	*Portez-armes.*	
Remettez-la bayonnette.	*Remettez-bayonnette.*	
L'arme-sous le bras-gauche.		
Portez-vos armes.	*Portez-armes.*	
Bayonnette-au canon.	*Bayonnette-non.*	
Serrez-vos rangs.		
Marche.		
Reposez vous-sur vos armes.	*Posez vous-armes.*	
Repos.		

Il eſt à remarquer qu'indépendamment de l'habitude qu'ont les Cipayes de *geſticuler ſans ceſſe après les tems faits*, ils ont auſſi particulièrement celle de porter ſa croſſe en avant en ſe repoſant ſur les armes, *au lieu de la porter à côté de la pointe du pied droit*, ce qui eſt d'autant plus défectueux, que cette négligence exige un ſecond mouvement pour ſe trouver dans la vraie poſition : l'on doit donc auſſi s'attacher à corriger ce défaut.

Il eſt de l'attention du Commandant de faire quelquefois quitter les armes à la Troupe pour la repoſer : dans ce cas, au lieu de faire ſerrer les rangs, il fera poſer les armes à terre, commandera *demi tour-à droite-marche.* Alors toute la Troupe pourra ſe diſperſer, bien entendu qu'après le moment du repos, lorſqu'il fera faire un *roulement*, ou qu'il commandera *à vos rangs*, chacun viendra en courant prendre ſon rang & ſon alignement, en obſervant le plus grand ſilence.

Ce moyen peut être regardé comme le plus propre à accoutumer une Troupe à ſe mettre promptement ſous les armes *en cas d'alerte.*

ARTICLE III.

EXERCICE *à rangs ſerrés.*

La Troupe ſera encore prévenue par l'avertiſſement :

Garde à vous, ou, *Bataillon.*

1re Colonne.	2e Colonne.	Manière d'exécuter.
Enoncé des Commandemens, conformément à l'Ordonnance du Roi.	*Prononciation proposée pour la facilité du Milit. Indien.*	

Charge en douze tems.

Chargez-vos armes.	*Chargez-armes.*	
Ouvrez-le baſſinet.	*Ouvrez-ſnet.*	
Prenez-la cartouche.	*Prenez-touche.*	
Déchirez-la cartouche.	*Déchirez-touche.*	
Amorcez.		
Fermez-le baſſinet.	*Fermez-ſnet.*	
L'arme-à gauche.	*Arme-gauche.*	
Cartouche-dans le canon.	*Cartouche-non.*	
Tirez-la baguette.	*Tirez-ette.*	
Bourrez.		
Remettez-la baguette.	*Remettez-ette.*	
Portez-vos armes.	*Portez-armes.*	

Tous les Commandans de pelotons & leurs remplacemens feront le demi-à-droite en même tems que la Troupe au *premier tems de la charge*; ils feront enſuite face en tête au *ſeptième*, c'eſt-à-dire, au moment où le Soldat paſſera l'arme à gauche; les remplacemens, & ſur-tout les ſerre-files, dont le principal objet eſt d'obſerver la contenance du Soldat devant l'ennemi, ne devant faire feu qu'en cas de néceſſité extrême, auront ſeulement attention d'avoir leurs armes chargées, mais ne feront tenus d'exécuter la charge, que dans un cas où le Commandant leur en aurait fait l'avertiſſement.

Ils porteront ordinairement l'arme dans le bras droit, & exécuteront, en même tems que la Troupe, ſeulement les commandemens ci-après; ſavoir, *repoſer ſur les armes*, *poſer les armes à terre*, *les relever*, *les porter*, *porter l'arme au bras*, & *reporter l'arme enſuite dans le bras droit.*

Ils auront toujours la Bayonnette au bout du canon, ainſi que la Troupe.

1re COLONNE.	2e COLONNE.	MANIÈRE D'EXÉCUTER.
ENONCÉ des Commandemens, conformément à l'Ordonnance du Roi.	*PRONONCIATION propoſée pour la facilité du Milit. Indien.*	
Charge précipitée	*en quatre tems.*	
Chargez-vos armes.	*Chargez-armes.*	
Deux.		
Trois.		
Quatre.		

Charge

1re COLONNE.	2e COLONNE.	MANIÈRE D'EXÉCUTER
ENONCÉ des Commandemens, conformément à l'Ordonnance du Roi.	*PRONONCIATION proposée pour la facilité du Milit. Indien.*	
	Charge à volonté.	
Chargez-vos armes.	*Chargez-armes.*	

L'on fera ensuite exécuter les feux de la manière suivante.

ARTICLE IV.

Feux de demi-rang, de Bataillon, de file; & les mêmes feux en arrière.

Feu de demi-rang.

Demi rang de droite-armes.
Joue.
Feu.

A l'avertissement, *feu de demi-rang*, les remplacemens reculeront droit sur l'alignement des serre-files; les Commandans de peloton reculeront seulement à un pas du second rang, & s'aligneront entr'eux en avant des serre-files.

Au premier commandement, *demi rang de*

droite-armes, chaque ſoldat du demi-rang de droite fera un demi-à droite, en apprêtant ſon arme.

Après le deuxième commandement, *joue*, fait & exécuté, le Commandant, afin d'accoutumer le ſoldat à abattre l'arme enſemble, & à ajuſter, fera, s'il le juge-à-propos, le commandement, *retirez-armes*, & enſuite il fera remettre en joue.

Au troiſième & dernier commandement, *feu*, les ſerre-files veilleront attentivement à ce que l'homme du ſecond rang retire vivement le pied droit derrière le gauche en même tems qu'il retire l'arme après avoir fait feu.... *L'on obſervera que ceci eſt encore un article de négligence de la part des Cipayes.*

Lorſque le Commandant verra quelques armes chargées dans le demi-rang de droite qui vient de faire feu, il fera, au demi-rang de gauche, les commandemens ci-après....

Demi-rang de gauche-armes.

Joue.

Feu.

Le feu ſera exécuté par le demi-rang de gauche comme par le demi-rang de droite, & ſera recommencé pluſieurs fois, ſi le Commandant le juge à-propos.

1re Colonne.	2e Colonne.	Manière d'exécuter.
Enoncé des Commandemens, conformément à l'Ordonnance du Roi.	*Prononciation proposée pour la facilité du Milit. Indien.*	

Feu de Bataillon.

Bataillon - armes.
Joue.
Feu.

Feu de file.

Bataillon - armes.
Commencez le feu.

Les Chefs de pelotons & leurs remplacemens exécuteront la même chose dans le feu de bataillon & de file, que dans le feu de demi-rang.

Le feu de file commencera toujours par la droite de chaque peloton ; il sera entretenu successivement, de maniere que les files de droite passent l'arme à gauche pour mettre la cartouche dans le canon au moment où les files de gauche mettent en joue.

Pour cet effet, il ne serait peut-être pas mauvais d'accoutumer les Cipayes à être *nommés au moment où leur tour vient de mettre en joue, ou plutôt à être comptés par un des serre-files de leur peloton*, qui les aurait auparavant, prévenu de leur numéro; le ferre-file compterait - *une* - pour faire mettre en joue la premiere file, - *deux* - pour faire mettre en joue la feconde, - *trois* - pour faire mettre en joue la troifieme, & ainfi de fuite, & fucceffivement jufqu'à la derniere file de la gauche du peloton, bien entendu que chaque file déjà comptée, à mefure qu'elle aurait chargé fon arme, continuerait enfuite à tirer fans commandement, jufques au roulement, qui, en faifant ceffer le feu, ferait en même tems rentrer les Chefs de pelotons & leurs remplacemens.

Je conviens que l'Ordonnance du Roi ne dit point de *compter* les files pour les faire tirer; mais ayant remarqué *l'incertitude & même le trouble* qui empêche fouvent les Cipayes de faifir l'inftant où ils doivent mettre en joue, *& quelquefois même de faire aucun ufage de leur arme*, ce moyen m'a paru d'autant plus propre à prévenir les fuites de ce défordre, qu'en fixant l'attention du Cipaye, il le force néceffairement à obferver fa contenance, *& que ceci ne paraît pas d'une légere conféquence.*

Je fuppofe même que dans une affaire l'on ne puiffe pas généralement, & au pied de la lettre, pratiquer ce que je propofe, l'on ne laifferait pas au moins de s'y trouver bien d'en avoir ufé pendant le cours des exercices.

1re COLONNE.	2e COLONNE.	MANIÈRE D'EXÉCUTER.
ENONCÉ des Commandemens, conformément à l'Ordonnance du Roi.	*PRONONCIATION proposée pour la facilité du Milit. Indien.*	

Feu en arriere.

Demi tour-à droite. *Demi tour-droite.*

Au commandement, *demi tour*, le Chef de chaque peloton fera un à gauche en faisant face à sa premiere file droite, son remplacement le suivra & se placera derriere lui.

Tous les serre-files viendront en courant vers la droite de leur peloton passer par le créneau qui vient de leur être démasqué, & iront se placer devant le premier rang, & vis-à-vis les mêmes places qu'ils occupaient en serre-file.

A l'instant où tous les serre-files seront passés, le Chef de chaque peloton appuiera sur la gauche pour se placer à un pas en arriere, & vis-à-vis de son créneau, son remplacement se placera derrière lui.

Au mot, *droite*, qui sera prononcé à l'instant où tous les serre-files seront passés, chaque homme qui, au commandement -*demi tour*- doit avoir porté le pied droit derrière le gauche, & la main à la giberne, exécutera le second tems du *demi tour à droite*, pour faire face par le second rang. Alors le Commandant pourra faire exécuter, *comme par le premier rang*, tous les feux qu'il jugera à propos, & à la fin du roulement dont il aura fait le signal, pour faire cesser le feu ; les Commandans de peloton & leurs remplacemens, rentreront chacun dans le créneau qui se trouve devant eux.

Comme les opinions m'ont paru différentes sur la manière de désigner les demi-rangs, pour les feux en arrière ; j'ai cru devoir observer que le *demi tour à droite* ne peut empêcher que chacun des deux demi-rangs reste toujours le même ainsi que chaque file, & que cette maxime paraît la plus généralement pratiquée ; j'observe aussi que ce que prescrit l'Ordonnance du Roi, au titre, & article II, du passage de l'obstacle, marchant en retraite, suffit pour éclaircir tous les doutes à cet égard.

Pour faire face ensuite par le premier rang, le Chef du bataillon fera l'avertissement - *Officiers à vos postes*, - & fera ensuite le commandement - *demi tour - droite.*

Au commandement, *demi tour*, chaque Chef de peloton fera à droite, & face à la premiere file de son peloton, son remplacement le suivra & se placera derriere lui, tous les serre-files feront à gauche & viendront en courant, repasser par le même créneau, pour reprendre leurs places;

aussi-tôt que les serre-files seront passés, les Chefs de peloton & remplacemens rentreront dans leur créneau au mot *droite*, & la troupe exécutera alors le second tems du *demi tour à droite*, pour faire face par le premier rang & se remettre dans son ordre naturel.

TITRE QUATRIEME.

PROGRESSION GÉNÉRALE DE TOUTES LES MANŒUVRES;

Enoncés des Commandemens, suivis d'un Signe distinctif, pour indiquer par qui ils sont faits & répétés.

Signe du Chef de Bataillon. ǂ

Signe des Chefs de Subdivision. †

ARTICLE PREMIER.

Signe du Chef de Bataillon. ǂ

TOUTES les fois *que la double croix ci-dessus* se trouvera placée à la fin du commandement, elle indiquera que ledit commandement doit être fait par le Chef du bataillon.

ARTICLE II.

Signe des Chefs de Subdivision. †

Toutes les fois qu'une croix simple, *comme*

celle que l'on voit ci-dessus, se trouvera placée à la fin du commandement ; elle indiquera que ledit commandement doit être fait par les Chefs de subdivision, *soit qu'il doive être répété après celui du Commandant en chef*, ou soit qu'il doive être fait particulierement par lesdits Chefs de subdivision.

TITRE CINQUIEME.

DES différentes manières de rompre & se réformer.

RÈGLE GÉNÉRALE.

Commandemens.	*Manière d'exécuter.*
Par divisions pelotons ou sections } *à droite ou à gauche* ‡	TOUS les mouvemens de conversion quelconque, s'exécuteront toujours au pas de manœuvre, soit pour rompre ou se réformer ; l'on pourra cependant en donner les premiers principes au pas ordinaire pour en faire comprendre le méchanisme.
Marche... ‡	Dans tous les mouvemens de conversion, les têtes se

Commandemens.	*Manière d'exécuter.*
	tourneront toujours au premier pas, vers l'aile marchante, & reviendront toujours de gauche à droite, au commandement --
Halte..... ✝ *Alignement* ✝ ou *A gauche-alignement*. ✝	*halte* --; mais elles ne reviendront jamais de droite à gauche sans le commandement, *à gauche-alignement.*

OBSERVATION.

Pour peu qu'on se rappelle l'idée & la forme donnée au Titre précédent, *des signes distinctifs* qui, étant accolés à un commandement quelconque, indiquent par qui ledit commandement doit être fait ou répété; l'on verra aisément que les commandemens placés en tête de la colonne du présent Titre, sont faits par le Chef de bataillon, & que les trois derniers sont faits particulierement par chaque Chef de division, peloton, ou section.

ARTICLE PREMIER.

MANIÈRE DE ROMPRE A DROITE.

Commandemens.	*Manière d'exécuter.*
Par divisions pelotons ou sections } *à droite*.... ✝	A l'un de ces commandemens le Chef de chaque division, peloton ou section, se portera deux pas en avant du centre

Commandemens.	Manière d'exécuter.
	de sa subdivision, & *attendu l'incertitude des Cipayes*, il préviendra de *parole* ou par *signe*, l'aîle gauche qui doit marcher; tous lesdits Chefs de subdivision s'aligneront entr'eux en portant la tête à gauche.
Marche.... ╤	Au commandement, *marche*, qui ne sera point répété, chaque Chef de division, peloton ou section, marquera vivement le premier pas en faisant *un signe ou mouvement de bras*, pour déterminer l'aîle marchante; il se tournera ensuite vers sa troupe, pour juger de l'instant où le mouvement de conversion sera achevé, & l'arrêtera per-
Halte...... †	pendiculairement par les com-
A gauche-alignement.. †	mandemens *ci-contre*.

Lorsqu'on rompra par divisions, le serre-file de gauche se portera, pendant ce mouvement, à l'aîle gauche du premier rang; il en sera fait de même lorsqu'on rompra par pelotons.

Lorsqu'on rompra par sections, le remplacement dans chaque peloton, reculera au commandement, *par sections à droite*, pour faire place au serre-file de gauche de la section qui est à sa droite, lequel doit toujours passer par le créneau de gauche, pour commander dans chaque compagnie, l'un la 2ᵉ, & l'autre la 4ᵉ section; l'Officier Européen devant alors commander la 1ʳᵉ section, & l'Officier Indien la 2ᵉ; le remplacement avancera au premier rang lorsque le serre-file sera passé, & ensuite le serre-file du centre, dans les 2ᵉ & 4ᵉ sections, passera pendant le mouvement à la gauche du premier rang, chaque serre-file de gauche dans les 1ʳᵉ & 3ᵉ sections, devant toujours venir appuyer le flanc gauche de sa section.

OBSERVATION.

Toute troupe qui a rompu à droite, ne peut se réformer qu'à gauche en bataille, excepté dans le cas où l'on aurait fait une contre-marche dans chaque division, peloton ou section; & par la même raison, toute troupe qui a rompu à gauche, ne peut, sans la même exception, se réformer qu'à droite.

ARTICLE II.

SE REFORMER A GAUCHE EN BATAILLE.

Commandemens.	*Maniere d'exécuter.*
A gauche - en bataille. . ǂ	A ce commandement, chaque Chef de division, peloton ou

Commandemens.	*Manière d'exécuter.*
	ſection, ſe portera vivement à l'aîle droite du premier rang de ſa ſubdiviſion, & ſon remplacement reculera au ſecond rang, en même tems, le ſerre-file qui appuyait l'aîle gauche du premier rang rentrera à ſa place; & le ſerre-file placé derriere la droite de la ſubdiviſion de la tête, ſe portera légerement ſur la ligne des pivots gauche, en leur faiſant face, pour marquer la droite de l'alignement & la place où doit arriver la droite de ladite ſubdiviſion de la tête.
Marche.... ‡ *Marche*.... †	Le commandement, *marche*, ſera répété par chaque Chef de diviſion, peloton ou ſection, dont l'aîle droite ſe portera vivement ſur l'alignement de ſon pivot, qui n'aura qu'un à gauche à faire ſans bouger de place.
Halte..... † *Alignement*. †	Chaque ſubdiviſion ſera arrêtée par ſon Chef, qui ne fera ſon ſecond commandement, pour aligner ſa ſubdiviſion à droite

Commandemens.	*Manière d'exécuter.*
	entre lui & ſon pivot, que lorſqu'il ſera lui-même aligné de ſa perſonne.
	Le ſerre-file de droite de la ſubdiviſion de la tête, qui était venu ſe placer ſur la ligne de bataille, retournera à ſa place auſſi-tôt que le Chef de ladite ſubdiviſion, aura pris ſon alignement ſur lui.

Article III.

ROMPRE A GAUCHE.

Commandemens.	*Manière d'exécuter.*
Par diviſions pelotons ou ſections } *à gauche*..... ╪	A ce commandement, le Chef de chaque diviſion, peloton ou ſection ſe portera deux pas en avant du centre de ſa ſubdiviſion, & indiquera *de parole* ou *de geſte*, l'aile qui devra marcher; leſdits Chefs de ſubdiviſions s'aligneront enſemble en tournant la tête à droite.
Marche... ╪	Le commandement, *marche*, ſera exécuté de même qu'il a été indiqué pour rompre à

Commandemens.	*Manière d'exécuter.*
	droite, excepté que les serre-files n'auront point à bouger, le remplacement devant être seul à la droite de chaque subdivision pour conduire le pivot de bataille, & l'alignement devant être à droite, le mouvement fait.
Halte..... † *Alignement.* †	Chaque Chef arrêtera & alignera sa subdivision, par les commandemens ci contre, mais dans l'ordre indiqué à *la manière de rompre à droite.*
	Si l'on rompt à gauche par section, chaque remplacement reculera & laissera passer le serre-file de gauche des 2ᵉ & 4ᵉ sections, comme il est dit, pour *rompre à droite*, chaque serre-file le plus près de la droite des 1ʳᵉ & 3ᵉ sections, passera pendant le mouvement, pour en appuyer le flanc droit.

ARTICLE IV.

SE REFORMER A DROITE EN BATAILLE.

Commandemens.	Manière d'exécuter.
A droite en bataille... ǂ	A ce commandement, chaque Chef de division, peloton ou section, se portera vivement à l'aîle gauche de sa subdivision. Chaque Bas-Officier, soit remplacement ou serre-file qui en appuyoit le flanc droit, passera en serre-file pour laisser le pivot seul sur le flanc, en même-tems le serre-file de gauche de la subdivision de la tête se portera légèrement sur la ligne des pivots droits, en leur faisant face pour marquer la gauche de l'alignement, & la place où doit arriver la gauche de sa subdivision.
Marche... ǂ *Marche...* †	Le commandement, *marche*, sera répété par chaque Chef de subdivision dont l'aîle gauche se portera vivement sur l'alignement de son pivot, qui ne doit bouger que pour faire à droite.

Commandemens.	Manière d'exécuter.
Halte.....† *A gauche-alignement..*†	Chaque Chef fera les commandemens ci-contre, pour arrêter & aligner sa subdivision; mais il ne fera le commandement, *à gauche-alignement*, qu'après s'etre bien aligné lui-même; chaque remplacement rentrera à son poste.
Tête-à droite‡	A ce commandement fait par le Chef du bataillon, les têtes se tourneront brusquement à droite, & chaque Chef se portera rapidement à la droite du premier rang de sa subdivision.

Nota. Lorsqu'étant rompu à droite par sections l'on veut se remettre à gauche en bataille, chaque Chef des 2e & 4e sections retourne, par derriere, à sa place de serre-file de gauche, aussi-tôt après avoir fait aligner sa section; lorsqu'au contraire, ayant rompu à gauche aussi par section, l'on veut se remettre à droite en bataille, chaque Chef des 2e & 4e sections, reste à la gauche de sa section après l'avoir alignée, & ne recule à sa place de serre-file de gauche, qu'au commandement — *tête-à droite*, — fait par le Chef du bataillon; les remplacemens des

des 1re & 3e sections, ne rentreront qu'après que ceux-ci seront passés.

TITRE SIXIEME.

De la marche des Colonnes, des commandemens dans les Colonnes, avec distance entière, ou demi-distance entre les Subdivisions.

ARTICLE PREMIER.

RÈGLE GÉNÉRALE.

Toutes les fois qu'on sera en colonne, avec entière, ou demi-distance entre les subdivisions, tous les Chefs desdites subdivisions répéteront ensemble avec rapidité, & de toute l'étendue de la voix, les commandemens de *-marche-halte*, & feront généralement & sans exception tous les commandemens d'exécution.

EXEMPLE.

Commandemens.	*Manière d'exécuter.*
Colonne en avant.. ✝	Le commandement, *en-avant*, soit en colonne, soit

Commandemens.	Manière d'exécuter.
	en bataille, défigne toujours le pas ordinaire, fi l'on veut faire marcher le pas de manœuvre, ou le pas de route, on en fait l'avertiffement après le commandement en avant, & au commandement, *marche*, la colonne prend le pas qui vient de lui être indiqué.
Marche....✝ *Marche*....✝	Ce commandement fera répété par chaque Chef de fubdivifion qui marquera lui-même, le premier pas.

Le pas ordinaire fera toujours de deux pieds; fa vîteffe fera de foixante & dix par minute; le pas de manœuvre fera de même étendue, & fa vîteffe fera de cent vingt pas; la vîteffe du pas de route fera d'environ quatre-vingt-dix à cent pas, & fon étendue fera la même.

Le pas allongé fera de deux pieds & demi; le petit pas fera d'un pied, & tous deux feront de la même vîteffe que le pas ordinaire; le même dégré de vîteffe fera auffi obfervé quand on fera marquer le pas, ainfi qu'il fera dit au Titre 9 *de la marche en bataille*.

Toutes les fois qu'une colonne marche la droite en tête, les têtes font à gauche. Il s'enfuit que si, dans ce cas, l'on converse à gauche, l'aîle marchante prend le pas de course, & se remet ensuite au pas de l'aîle qui a soutenu, lorsque le mouvement est fini; lorsqu'au contraire l'on converse à droite, chacun tient son pas.

Toutesles fois qu'une colonne marche la gauche en tête, les têtes sont à droite. Il s'ensuit alors que si l'on converse à gauche, chacun continue le même pas de la colonne; au lieu que si l'on converse a droite, l'aîle marchante prend le pas de course, & reprend ensuite le pas de l'aîle qui a soutenu, quand le mouvement est fini. L'on observera de faire porter l'arme au bras après que la colonne aura marché les vingt premiers pas.

Commandemens.	*Manière d'exécuter.*
L'arme-au bras.... ǂ *L'arme-bras* †	Ce commandement sera répété successivement par chaque Chef de subdivision depuis la tête jusqu'à la queue de la colonne. Le commandant, après avoir fait marcher la colonne au pas ordinaire, pourra la faire marcher au pas de manœuvre, & ensuite au pas de route, s'il le juge à propos; l'on sait que dans ce dernier cas, le soldat

Commandemens.	Manière d'exécuter.
	n'est plus assujetti à marcher du même pas, & qu'il peut porter indifféremment l'arme sur l'une ou l'autre épaule, pourvu que le bout du canon soit en haut; mais comme les Cipayes n'ont *que trop de propension à prendre leurs aises sous les armes*, & que d'ailleurs ils ont une batterie particuliere pour la marche de route, je pense qu'il serait bon de les assujettir d'abord à marquer le premier pas tous de la même jambe, d'en régler la cadence de manière qu'elle soit moins vîte que celle du pas de manœuvre, & plus vîte que celle du pas ordinaire, & de leur faire porter l'arme de façon que le bec de la crosse soit en avant, & que le chien appuye sur l'épaule gauche; la distance des deux pas entre les rangs, accordée *par l'Ordonnance*, pour l'aisance du soldat, devant être ensuite à la volonté du Commandant, & à raison de

Commandemens.	*Manière d'exécuter.*
	l'éloignement de la route, ainsi que la liberté de porter l'arme sur l'une ou l'autre épaule, & de marcher tel pas que l'on voudra.
	La colonne pourra être arrêtée ensuite de la *manière suivante*
Colonne-halte. . . ‡ *Halte* . . . † *A gauche-alignement*.. † ou *Alignement*. †	A ce commandement, répété par chaque Chef de subdivision, toute la colonne arrêtera, portera les armes, & tournera la tête à droite; chacun desdits Chefs commandera ensuite, *à gauche alignement*, si la droite est en tête, ou *alignement*, si l'on a la gauche en tête.

ARTICLE II.

COLONNE avec la droite en tête, marchant perpendiculairement en avant du front qu'elle occupait en bataille.

Commandemens.	*Manière d'exécuter.*
	Le Chef du bataillon indiquera au Bas-Officier, placé à l'aîle gauche de la subdivision de la tête, le point sur lequel il doit se diriger.

Commandemens.	Manière d'exécuter.
En avant en colonne... ǂ *Marche*.... ǂ *Marche*.... †	Le commandement, *marche*, sera répété par chaque Chef de subdivision, qui marquera lui-même le premier pas ; aussi-tôt le Chef de la subdivision de la
Tournez à gauche..... †	tête commandera, *tournez à gauche* ; ce mouvement sera exécuté au pas de course, par la raison indiqué à *l'article précédent* ; toutes les autres subdivisions viendront successivement tourner sur le même terrein, par le même commandement, fait par leur Chef, & se remettront ensuite au pas des pivots gauches, ainsi que la 1re, aussi-tôt que le mouvement de conversion sera fini.

ARTICLE III.

COLONNE la droite en tête, marchant diagonalement en avant du front de bataille.

Commandemens.	Manière d'exécuter.
En avant diagonalement en colonne ǂ	Le serre-file placé à l'aile gauche de la subdivision, de la tête se dirigera alors en demi à gauche.

Commandemens.	Manière d'exécuter.
Marche.... ǂ *Marche....* †	Le commandement, *marche*, sera répété par chaque Chef de subdivision, celui de la tête commandera aussi-tôt, *tournez à gauche*; alors le serre-file, placé à l'aîle gauche de ladite subdivision, se dirigera seulement en demi à gauche, dès son premier pas; du reste, ce mouvement s'exécutera de la même maniere que pour marcher perpendiculairement.

ARTICLE IV.

COLONNE *la droite en tête, marchant perpendiculairement en arrière du front de bataille.*

Commandemens.	Manière d'exécuter.
En arrière en colonne.. ǂ	Le Chef de bataillon indiquera au remplacement, placé à la droite de la subdivision de la tête, le point sur lequel il devra se diriger.
Marche.... ǂ *Marche...* †	Le commandement, *marche*, sera répété par chaque Chef de

Commandemens.	Manière d'exécuter.
	subdivision; celui de la première sera aussi-tôt le commandement,
Tournez à droite. . †	*tournez à droite :* ce mouvement se fera au pas qui aura été indiqué pour la colonne, conformément à ce qui a été dit à *l'article 1er du présent Titre*, chaque subdivision viendra tourner successivement sur le même terrein, & par le même commandement, où a tourné la première.

ARTICLE V.

COLONNE la droite en tête, marchant diagonalement en arrière du front de bataille.

Commandemens.	Manière d'exécuter.
En arrière diagonalement en colonne ‡	Le remplacement placé à l'aîle droite de la subdivision de la tête, se dirigera alors en demi à droite.
Marche . . . ‡ *Marche. . . .* †	Le commandement, *marche*, sera répété par chaque Chef de subdivision, celui de la subdivision de la tête, commandera

Commandemens.	*Manière d'exécuter.*
Tournez à droite.... †	ensuite, *tournez à droite*, & ce mouvement s'exécutera successivement depuis la tête jusques à la queue de la colonne, par le même commandement & au même pas de la colonne, conformément à ce qui a été dit à *l'article 1er du présent Titre.*

ARTICLE VI.

MANIÈRE d'exécuter les mêmes mouvemens avec la gauche en tête.

TOUS ces mouvemens pourront aussi s'exécuter de la même manière avec la gauche en tête, excepté que quand on voudra marcher perpendiculairement ou diagonalement en avant du front de bataille, l'on commandera, *tournez à droite*; & que l'on commandera, *tournez à gauche*, quand l'on voudra marcher en arrière.

Les chefs de file se prennent toujours à gauche, du côté des pivots de bataille, ayant la droite en tête; mais lorsque la gauche est en tête, ils se prennent à droite.

ARTICLE VII.

***ROMPRE** par la droite pour marcher vers la gauche, & rompre par la gauche pour marcher vers la droite.*

Commandemens.	*Manière d'exécuter.*
Rompre à droite pour marcher vers la gauche....... ǂ	
Commencez le mouvement. ǂ	A ce dernier commandement, le Chef de la subdivision de la droite, en se portant en avant du centre de sa subdivision, fera les commandemens *ci-contre;* il
Tête à gauche † *Marche.....* †	conduira ensuite sa subdivision au pas qui aura été indiqué, sur le terrein où elle devra tourner, & fera exécuter son mouvement de conversion, par le comman-
Tournez à gauche....... †	dement, *tournez à gauche;* chaque Chef de subdivision fera successivement exécuter son mouvement de la même manière à mesure que la subdivision qui aura précédé la sienne, aura

Commandemens.	Manière d'exécuter.
	fait un nombre de pas égal à l'étendue de son front.
Rompre à gauche pour marcher vers la droite.... ‡ *Commencez le mouvement* ‡	
Marche... †	A ce dernier commandement, le Chef de la subdivision de la gauche, en se portant en avant d'elle, fera seulement le commandement, *marche*; du reste, ce mouvement sera exécuté successivement par chaque subdivision, comme il vient d'être dit
Tournez à droite.... †	*ci-dessus*, excepté que l'on commandera, *tournez à droite*.

ARTICLE VIII.

PASSAGE du défilé que rencontre une colonne avec la droite en tête, ou avec la gauche.

Commandemens.	Manière d'exécuter.
En avant rompez les divisions..... ‡	A ce commandement, chaque Chef se portera en avant du centre de son peloton.
Marche.... ‡	Le commandement, *marche*,

Commandemens.	*Manière d'exécuter.*
	ſera ſeulement répété par les Chefs de chaque 1ᵉʳ peloton, qui feront obliquer leurs pelotons à gauche, par ſigne & ſans commandement, tandis que les 2ᵉˢ pelotons obliqueront à droite
Oblique à droite. . ✝	au commandement de leur Chef,
Marche. . . . ✝	pour doubler à diſtance de peloton, derrière les 1ʳˢ, lorſque les droites des 1ᵉʳ & 2ᵉ pelotons, ſeront preſque ſur la même direction, les Chefs des 2ᵉ pelotons, feront le comman-
En avant. . ✝	dement, *en avant*, qui ſera
En avant. . ✝	répété par les Chefs des 1ᵉʳˢ;
Marche. . . . ✝	ils feront enſuite le commandement, *marche*, que les Chefs
Marche. . . . ✝	des 1ᵉʳˢ répéteront encore.
	Si le défilé devient plus étroit, l'on fera rompre les pelotons.
En avant rompez les pelotons. . . . ǂ	A ce commandement, chaque Chef de peloton ſe portera en avant du centre de ſa première ſection, & le ſerre-file

Commandemens.	*Manière d'exécuter.*
	qui appuyoit la gauche de chaque deuxième section dans chaque peloton, passera en avant d'elle, pour la conduire, & sera remplacé par un autre serre-file placé derrière la gauche.
Marche.... ✝	On se conformera, pour l'exécution de ce mouvement, à ce qui vient d'être dit pour rompre les divisions ; & dans l'un & l'autre cas, le flanc gauche sera toujours appuyé par le serre-file le plus près de la gauche.

Si le défilé devient plus étroit, les files de gauche de chaque section marcheront en file à l'avertissement particulier de leur Chef; le Bas-Officier placé à l'aîle gauche, appuyera toujours la gauche des files, qui continueront à marcher de front ; & à mesure que le défilé se relargira, le même Bas-Officier quittera l'aîle gauche pour prolonger en marchant le bord du défilé, & les files qui auront resté derrière, rentreront aussi-tôt en courant pour se remettre en ligne.

Lorsque toutes les files des sections seront rentrées, l'on fera reformer les pelotons, si le défilé le permet.

Commandemens.	*Manière d'exécuter.*
Formez les pelotons... ǂ *Marche*.... ǂ	
Marche.... †	Le commandement, *marche*, sera généralement répété par tous les Chefs de section; les *première* & *troisième* dans chaque compagnie, obliqueront à droite; les *seconde* & *quatrième* obliqueront à gauche, le tout sans commandement.
	Dès que les *seconde* & *quatrième* sections seront presque démasquées, leurs Chefs feront
Pas de manœuvre.. †	le commandement, *pas de manœuvre*, aussi-tôt les Chefs des *première* & *troisième* comman-
En avant.. †	deront, *en avant*.
	Les Chefs des *seconde* & *quatrième* sections feront en-
Marche.... †	suite le commandement, *marche*, qui sera répété par les
Marche..... †	Chefs des *première* & *troisième*; lorsque les *seconde* & *quatrième* sections seront à hauteur des *première* & *troi-*

Commandemens.	*Manière d'exécuter.*
Pas ordinaire . . . † *Marche*. . . . †	*sième*, elles reprendront le *pas ordinaire*, au commandement *chacune* de leur Chef, qui se reportera aussi-tôt à l'aîle gauche, pour marquer la direction & l'alignement du peloton reformé, dont le Chef reprendra le commandement en se portant deux pas en avant du centre. Le Bas-Officier qui appuyait le flanc gauche de chaque *seconde* & *quatrième* section, reculera à sa place de serre-file.
	Lorsque le défilé le permettra, l'on fera reformer les divisions.
Formez les divisions. . . . ‡ *Marche*. . . . ‡ *Marche*. . . . † *Pas de manœuvre*. . . . † *En avant*. . † *Marche*. . . . † *Marche*. . . . † *Pas ordinaire*. . . . † *Marche*. . . . †	Le commandement, *marche*, sera généralement répété, & les divisions se reformeront de la même manière qu'il vient d'être dit, pour former les pelotons, excepté que chaque Chef de *second* peloton, après avoir fait son dernier commandement, se placera à la droite du *premier*

Commandemens.	Manière d'exécuter.
	rang de son peloton, pour marquer le centre de la division, dont le Chef prendra alors le commandement, en se portant deux pas en avant du centre; l'alignement sera à gauche.

MANIÈRE d'exécuter les mêmes mouvemens avec la gauche en tête.

TOUS ces mouvemens pourront s'exécuter de même ayant la gauche en tête, excepté qu'en rompant les divisions, les *seconds* pelotons précéderont les *premiers*, & que quand on rompra les pelotons, les *quatrièmes* sections précéderont les *troisièmes*, & que les *secondes* précéderont les *premières*.

Si le défilé ne permet pas que les sections passent de front, l'on fera rester les files de droite en arrière; les remplacemens & serre-files, placés à la droite des sections, appuyeront alors le flanc droit des files, qui continueront à marcher de front: lorsque le défilé se relargira, les remplacemens & serre-files ci-dessus désignés appuyeront à droite, pour prolonger en marchant les bords du défilé, & les files rentreront en courant pour se remettre en ligne.

Les

Les sections étant formées, l'on pourra former les pelotons & divisions comme il a été dit, *avec la droite en tête*, à mesure que le défilé le permettra, avec cette différence, que quand l'on formera les pelotons, les *troisièmes* sections se porteront à la droite des *quatrièmes*, & les *premières* à la droite des *secondes*, & que quand l'on formera les divisions, les *premiers* pelotons se porteront à la droite des *seconds*.

ARTICLE IX.

COLONNE d'Infanterie marchant régulièrement au pas ordinaire, traversant un pays ouvert, à portée de la Cavalerie

OBSERVATION.

Le Commandant supposant la possibilité d'une attaque de Cavalerie, fera d'abord marcher sa colonne avec le quart de distance qu'il lui faudrait pour se remettre en bataille.

Comme dans cette manœuvre les deux *premières* divisions de la tête de la colonne, & les deux *dernières* de la queue, y compris Grenadiers & Chasseurs, ont un mouvement particulier à exécuter à chacun de ceux que font les autres, & que j'ai remarqué que, nonobstant les détails primitifs que j'avais soin de faire expliquer aux Cipayes dans leur langue, lorsque je faisais ensuite le commandement, *à distance de section serrez la colonne*, toutes les divisions serraient simplement à distance de section, comme avant de serrer en masse pour un déployement, sans que les divisions ci-dessus désignées se rappellassent précisément du mouvement particulier qu'elles avaient à faire. Comme d'ailleurs le tems ne permet pas toujours, en pareille occasion, de faire des discours préliminaires, j'ai voulu essayer si l'on fixerait mieux l'attention par un simple avertissement en forme de commandement, tel que, *colonne contre la Cavalerie*; & ce moyen m'ayant réussi, je le propose avec d'autant plus de confiance, que j'ai vu s'en servir dans les Corps Européens des Officiers supérieurs d'un mérite reconnu, malgré que ledit avertissement ou commandement n'ait pas été prescrit par l'Ordonnance.

Commandemens.	Manière d'exécuter.
Colonne contre la Cavalerie. . . . . ǂ *A distance de section serrez la colonne*. . ǂ *Marche*. . . . ǂ *Marche*. . . . †	Au commandement, *marche*, répété par chaque Chef de division, toutes prendront le pas de manœuvre excepté la compagnie de *Grenadiers* qui se trouve à la tête de la colonne, & qui continuera à marcher le pas ordinaire; la *première* ser-

Commandemens.	*Manière d'exécuter.*
	rera en masse sur les *Grenadiers*, la *seconde* serrera à distance de section, en conservant quatre pas de plus, lesquels, *à cause du troisième rang que nous avons de moins dans notre formation*, lui suffiront pour que les sections, après avoir rompu, ne soient point gênées par le dernier rang de la division de la tête qui aura resté de front derrière les *Grenadiers*; toutes les autres divisions serreront successivement à distance de section, excepté la *huitième division* qui serrera en masse sur la *septième*, & la *compagnie de Chasseurs* qui serrera en masse sur la *huitième division*.
	A mesure que chaque division arrivera à sa distance prescrite,
Pas ordinaire.... † *Marche....* †	elle reprendra le *pas ordinaire* au commandement de son Chef, toute la colonne s'arrêtera & s'alignera ensuite au
Halte..... ǂ	commandement du Chef de ba-

Commandemens.	Maniere d'exécuter.
A gauche alignement.. ‡	taillon, qui ne sera répété de personne. L'on pourra donner les premiers principes de cette manœuvre, étant de pied-ferme.

Toutes les divisions étant serrées dans l'ordre ci-dessus, exécuteront tous leurs mouvemens au seul commandement du Commandant en chef; les Chefs de subdivision feront cependant les commandemens de détail nécessaires à l'exécution de chaque mouvement particulier.

Iᵉ SUPPOSITION.

Si l'ennemi se présente sur les deux flancs de la colonne, c'est-à-dire, *des quatre côtés*, l'on exécutera ce qui suit.

Commandemens.	Manière d'exécuter.
Dans chaque peloton par sections à droite & à gauche ‡	A ce commandement, chaque Chef de section dans les divisions qui sont avec distance, se portera en avant du centre de sa section, en se conformant à ce qui a été dit au Titre 5, *article premier*, & *article trois*.

Commandemens.	*Manière d'exécuter.*
Marche.... ╤	Au commandement, *marche*, qui ne sera point répété, les pelotons de droite de chaque division ci-dessus désignées, rompront, par sections, à droite, & les pelotons de gauche rompront par sections à gauche.
	Chaque section sera arrêtée par son Chef qui commandera, *halte à gauche-alignement*, dans les sections qui auront rompu à droite, & *halte alignement*, dans celles qui auront rompu à gauche, chaque Chef, *aussi-tôt après*, se reportera à son poste de bataille.
	En même tems que lesdites sections rompront, la *huitième* ou *derniere* division de fusiliers fera *demi tour à droite*, au *commandement particulier de son Chef*, ainsi que la compagnie de *Chasseurs*, afin de faire face en dehors : *tous ces commandemens de détail se feront à demi-voix.*

Commandemens.	*Manière d'exécuter.*
	La compagnie de *Grenadiers* ainsi que la *première division de Fusiliers* qui se trouvent à la tête de la colonne, n'auront point à bouger pendant tous ces mouvemens, par conséquent la troupe se trouvera faire face des quatre côtés. L'on fera ensuite exécuter le feu de file par les deux rangs *extérieurs* de toute la colonne.
Feu de file.. ǂ	A ce commandement les Chefs des sections *extérieures* se porteront en arrière de leur créneau.
Sections extérieures-armes.... ǂ	A ce commandement, toutes les sections *exrérieures* apprêteront leurs armes, & les autres, c'est-à-dire, les sections *intérieures* ne bougeront point.
Commencez le feu....... ǂ	A ce *commandement* le feu commencera par la droite de chaque section *extérieure*, & les sections *intérieures* continueront à porter les armes.
	Le feu cessera à la fin du

Commandemens.	Manière d'exécuter.
	roulement qui sera fait ; les Chefs de sections & leurs remplacemens, qui étaient sortis de leurs créneaux, rentreront à leur poste.
	La colonne pourra ensuite se remettre en marche par la division de la tête, & par les commandemens *suivans.*
Colonne à gauche & à droite... ǂ	A ce commandement, qui ne sera point répété, toutes les sections qui ont rompu à droite, feront à gauche ; toutes celles qui ont rompu à gauche, feront à droite, en même tems la *huitième division de Fusiliers*, ainsi que la *compagnie de Chasseurs*, exécuteront le *demi-tour à droite*, au commandement chacune de leur Chef, & se trouveront face en tête.
Colonne en avant.... ǂ *Marche....* ǂ	Personne ne répétera ce commandement, & toute la colonne marchera le pas indiqué.
Colonne halte ǂ	Au commandement, *halte*,

Commandemens.	*Manière d'exécuter.*
	qui ne sera point répété, chacun s'arrêtera en tournant la tête à droite.
	Si après avoir arrêté la colonne, on voulait qu'elle fit encore face des quatre côtés, comme avant de se mettre en marche, le Chef du Bataillon ferait le commandement *ci-après*.
Front.... ⸸	A ce commandement, les sections qui auront fait à gauche, feront à droite; celles qui auront fait à droite, feront à gauche: la *huitième division de Fusiliers*, ainsi que la *Compagnie de Chasseurs*, exécuteront *le demi-tour à droite* au commandement particulier, & *à demi-voix*, fait par leur Chef; ces deux divisions se trouveront faire face en dehors, ainsi que toutes celles de la colonne.
	Si la colonne doit se mettre en marche par le front de ses divisions, elle se reformera aux commandemens *ci-après*.

Commandemens.	*Manière d'exécuter.*
Colonne par divisions..... ‡ *A gauche-& à droite.....* ‡	A ces commandemens, tout le flanc droit de la colonne fera à gauche, & le flanc gauche fera à droite ; en même-tems la *huitième division de Fusiliers*, & la *Compagnie de Chasseurs*, exécuteront le *demi-tour à droite* au commandement *particulier* de leur Chef.
Par files-à droite-& à gauche.. ‡ *Marche..* ‡	A ce commandement, qui ne sera point répété, les sections *intérieures* marcheront par le flanc, suivant qu'elles auront fait à gauche ou à droite au commandement précédent, iront à la rencontre l'une de l'autre dans chaque division dont elles doivent former le centre, & seront suivies par les sections *extérieures* qui en forment les deux flancs ; chaque section sera *particulièrement* arrêtée par son Chef, qui aussi-tôt retournera à son poste : les *quatre sections*, dans chaque division, feront ensuite front, & s'aligneront à gauche

Commandemens.	Manière d'exécuter.
	au commandement du Chef de la division dont elles font partie; chaque Chef se placera alors en avant du centre de sa division. *Tous ces commandemens particuliers se feront à demi-voix.*
	En même-tems que toutes les divisions se reformeront, la Compagnie de *Grenadiers*, ainsi que la *première division de Fusiliers*, se porteront en avant pour rétablir leur distance de sections, & pour donner à la *huitième division*, & à la *Compagnie de Chasseurs*, le moyen de rétablir aussi la leur.
Colonne en avant. . ǂ *Marche*. . ǂ	Le Chef du Bataillon mettra ensuite la colonne en marche, & son commandement ne sera point répété.

IIe SUPPOSITION.

Si l'ennemi se présente seulement sur le flanc droit, & que la colonne marche avec distance entière entre les divisions, elle serrera & s'arrêtera de la manière indiquée à la *première Supposition*; l'on fera ensuite les commandemens *ci-après*, pour la mettre en état de défense.

Commandemens.	*Manière d'exécuter.*
Dans chaque division par section-àdroite. ⚍	A ce commandement, chaque Chef de section se portera en avant du centre de sa section, en se conformant à ce qui a été dit au Titre 5, Article 1er.
Marche.... ⚍	A ce commandement, qui ne sera point répété, chaque division rompra par sections à droite; chaque section sera arrêtée & alignée à gauche aux commandemens faits à *demi-voix* par son Chef, qui se portera aussi-tôt à son poste de bataille, comme il a été dit dans la *première Supposition* du *présent article.* En même tems la *huitième division de Fusiliers*, & la *Compagnie de Chasseurs* feront *demi-tour à droite*, aussi au commandement *particulier* & à *demi-voix* fait par leur Chef.
Feu de file.. ⚍	A ce commandement, les Chefs de sections *extérieures* reculeront, ainsi que leur remplacement, comme il a été dit dans la *première Supposition* du *présent Article.*

Commandemens.	*Manière d'exécuter.*
Sections extérieures.. *Armes*....	A ce commandement, les ſections *extérieures* apprêteront leurs armes, & les ſections *intérieures* ne bougeront point.
Commencez le feu....	Le feu commencera par la droite de chaque ſection *extérieure*, & les ſections *intérieures* continueront toujours à porter les armes.
	Le feu ceſſera à la fin du roulement qui ſera fait, chaque Chef de ſection & remplacement reprendra ſon poſte.
Colonne par divisions.. *A-gauche*..	A ce commandement, toutes les ſections qui ont rompu à droite, feront à gauche ; la *huitième* diviſion, & la *Compagnie de Chaſſeurs*, feront *demi-tour à droite*.
Par file à gauche.. *Marche*...	Au commandement, *marche*, qui ne ſera point répété, la *quatrième* ſection, dans chaque diviſion, qui vient de faire à gauche, ſera conduite par ſon flanc gauche ſur l'alignement des pivots & des *premières* files gau-

Commandemens. *Manière d'exécuter.*

ches des divisions de la tête qui n'auront point bougé ; les *troisièmes*, *secondes* & *premières* sections suivront successivement la *quatrième*, & toutes seront arrêtées au commandement *respectif* de leurs Chefs, qui se reporteront aussi-tôt à leur poste : alors le Chef de la division lui fera faire front & alignement à gauche ; pendant ce mouvement chaque division rétablira sa distance de section, comme il a été dit dans la *première supposition du présent Article.*

Tous ces commandemens de détail seront faits à demi-voix.

IIIe SUPPOSITION.

La colonne ayant serré en masse, comme il a été dit dans la première Supposition, & étant arrêtée, le Chef du Bataillon fera les commandemens ci-après, si l'ennemi se présente seulement sur le flanc gauche.

Commandemens.	*Manière d'exécuter.*
Dans chaque division par sections à gauche.. ‡	A ce commandement, le Chef de chaque section se portera en avant du centre de sa section, en se conformant à ce qui a été dit au Titre 5, Article 3.
Marche... ‡	Au commandement *marche*, qui ne sera point répété, chaque division rompra par sections à gauche, excepté les *deux Compagnies* de la tête, qui n'auront point à bouger ; les *deux Commpagnies de la queue* devant faire face en-dehors, exécuteront le *demi-tour à droite*, comme il a été dit dans la *première* & *seconde* Supposition du *présent Article* : chaque section sera arrêtée par son Chef, qui se reportera ensuite à son poste de bataille.
	Tous ces commandemens de détail seront faits à demi-voix.
Feu de file.. ‡ *Sections extérieures-armes*.... ‡ *Commencez le feu*...... ‡	Ces trois derniers commandemens s'exécuteront, & le feu cessera, de la même manière qu'il a été dit dans la 1re & 2e *Supposition du présent Article*.

Commandemens.	Manière d'exécuter.
Colonne par divisions. ╪ *A-droite...* ╪	A ce commandement, toutes les sections qui ont rompu à gauche, feront à droite; en même tems, les deux Compagnies qui forment la queue de la colonne, feront face en tête par un *demi tour à droite*, comme il a été dit dans la *première & seconde Supposition du présent Article.*
Par file à droite... ╪ *Marche...* ╪	Au commandement *marche*, qui ne sera point répété, la *première* section dans chaque division qui a rompu, sera conduite sur l'alignement des remplacement & *premières* files de droite des divisions de la tête qui n'auront point bougé : la *seconde, troisième & quatrième* sections suivront successivement la *première*; toutes seront arrêtées, & *chacune* par son Chef *respectif*, qui aussi-tôt se reportera à sa place; alors chacune des divisions dont lesdites sections font partie, fera front, & s'alignera à gauche au *com-*

Commandemens.	Manière d'exécuter.
	mandement de son Chef ; pendant ce mouvement, les deux divisions de la tête & les deux de la queue de la colonne rétabliront leur distance de section, comme il a été dit dans la *première & seconde* supposition du *présent Article. Tous ces commandemens de détail se feront à demi-voix.*

Dans l'une & l'autre des *trois Suppositions*, le Chef du Bataillon, ainsi que les Tambours, & tout ce qui est accessoire à la Troupe, entreront dans l'intérieur de la colonne, autant que faire se pourra, au moment où les sections rompront, en observant de passer par derrière le front des divisions de la tête, qui ne bougeront point.

Si dans l'une ou l'autre des *trois dites Suppositions*, le feu des deux rangs des sections *extérieures* ne suffit pas pour la défense de la colonne, l'on fera serrer de la manière *suivante* les sections *intérieures* sur les *extérieures*, pour soutenir ces dernières.

Commandemens.	Manière d'exécuter.
En masse serrez les sections. ╪ *Marche.* . . ╪	Au commandement *marche*, qui ne sera point répété, soit que l'on ait rompu des deux côtés,

Commandemens. *Manière d'exécuter.*

côtés, ou feulement à droite ou à gauche, chaque fection intérieure ferrera fur celle qui fe trouve devant elle, les deux Compagnies de la tête, & les deux de la queue de la colonne ne bougeront point, non plus que les fections extérieures.

Si après avoir fait ferrer les fections intérieures fur les extérieures, l'on veut reformer la colonne par le front des divifions, l'on n'aura point d'autres moyens à employer, ni d'autres commandemens à faire que ceux qui font indiqués à la première, feconde & troifième fuppofition.

Si le Bataillon fe trouvait dépourvu de fes Grenadiers & Chaffeurs, il pourrait toujours exécuter la manœuvre contre la Cavalerie, avec les huit divifions qui lui refteraient. Il pourrait encore à la rigueur l'exécuter, dans le cas où il ferait réduit à quatre divifions; mais, dans ce dernier cas, la première divifion de la tête de la colonne, & la dernière divifion de la queue exécuteront feules pendant le mouvement particulier des fections, & pendant toute la manœuvre en général, ce qu'exécutent enfemble les deux premières divifions de la tête de la colonne, & les deux dernières de la queue, dans la *première, seconde & troisième Supposition*.

L'on tirera un avantage saillant de cette manœuvre, pour peu que chaque Officier & Bas-Officier veille à l'exécution prompte & précise de chaque mouvement en particulier, & que, surtout ceux qui sont employés aux sections intérieures de la colonne, veuillent porter attention à empêcher de tirer les deux rangs desdites sections, lesquelles ne doivent servir que pour soutenir les rangs extérieurs, & remplir les intervalles qui pourraient s'y former.

TITRE SEPTIEME.

De la manière d'entrer dans les points de direction.

ARTICLE PREMIER.

Colonne la droite en tête, arrivant par derrière la nouvelle ligne de direction, arrêtant sur cette ligne, & s'y formant en bataille.

L'on entrera toujours dans les points de direction au pas ordinaire, & plus habituellement par pelotons qu'autrement.

Avant d'arriver sur la nouvelle ligne, le Chef du Bataillon fera le commandement ci-après.

Commandemens.	Manière d'exécuter.
Chefs de peloton à l'aîle gauche. . ⚹	A ce commandement, le Chef de chaque peloton se portera à l'aîle gauche de son peloton, & le Bas-Officier qui y étoit placé passera aussi-tôt en serre-file, pour laisser ledit Chef de peloton seul sur le flanc. Le Chef de peloton de la tête se dirigera alors sur le Bas-Officier que l'on aura eu soin de placer sur la nouvelle ligne, pour marquer l'endroit où le pivôt gauche de chaque peloton doit venir tourner : lorsque le peloton de la tête sera arrivé à la distance de l'étendue de son front, du Bas-Officier placé sur la nouvelle ligne, le Chef de peloton fera le commandement ci-après :
Tête de colonne tournez à droite . . ⚹	A ce commandement, le Chef de peloton de la tête fera

Commandemens.	*Manière d'exécuter.*
Tournez - à droite... †	tourner son peloton par le commandement ci-contre, & déterminera lui-même le mouvement, de manière à ce qu'il puisse toucher de sa personne le Bas-Officier en tournant, & le laissant à sa gauche : chaque peloton viendra successivement tourner de la même manière & par même commandement, sur le terrein où aura tourné le premier. Le Chef du peloton de la tête se dirigera, aussi-tôt après avoir tourné, sur le point de vue qui lui aura été indiqué : les Chefs des autres pelotons, à mesure qu'ils auront tourné, prendront leur chef de file, de manière que le point de vue leur soit toujours caché par le Chef du peloton de la tête.
	Le Chef du bataillon, ne voulant point porter plus loin la droite de la colonne, fera le commandement ci-après
Colonne - halte.... ‡	Ce commandement sera ré-

Commandemens.	Manière d'exécuter.
Halte.. . . . † *A gauche-alignement..* †	pété, tant par les Chefs des pelotons qui sont arrivés sur la nouvelle ligne, que par ceux qui n'y sont pas encore : toute la colonne s'arrêtera, en tournant la tête à droite ; & les pelotons s'aligneront ensuite à gauche, au commandement de leur Chef.
A gauche-en bataille.. ‡	A ce commandement, chaque Chef des pelotons qui sont entrés dans la nouvelle ligne, se portera à la droite de son peloton, & le remplacement reculera au second rang, pour lui céder la place : en même-tems le serre-file le plus près de la droite se portera sur l'alignement des pivots, pour marquer la droite de l'alignement & l'endroit où doit arriver la droite de son peloton : les serre-files de gauche de ces pelotons reculeront à leur place de serre-file.

Commandemens.	Manière d'exécuter.
Par le flanc gauche derniers pelotons-à-gauche. ǂ *A gauche.* †	Au commandement, *à gauche*, répété par chaque Chef des derniers pelotons, c'est-à-dire, ceux qui ne sont pas encore entrés dans la nouvelle ligne, chaque file de ces pelotons fera à gauche; le Chef se placera au côté droit de sa première file gauche, & le serre-file qui était placé à la gauche du premier rang y restera.
Marche. ǂ *Marche.* †	Au commandement, *marche*, répété généralement par tous les Chefs de peloton, chacun prendra le pas de manœuvre; les pelotons de la tête qui sont sur la nouvelle ligne, converseront à gauche, pour se mettre en bataille, & seront arrêtés chacun par leur Chef, qui fera le commandement ci-contre;
Halte-alignement. †	aussi-tôt le Bas-Officier qui était placé sur la gauche de la nouvelle ligne, pour servir de point intermédiaire se retirera,

Commandemens.	Manière d'exécuter.
	&le serre-file de droite du peloton de la tête, qui était aussi sur la nouvelle ligne, rentrera à son poste. En même-tems que les pelotons de la tête feront leur mouvement de conversion, les derniers pelotons viendront, en marchant par le flanc gauche, se porter sur la nouvelle ligne; &, à mesure que chaque peloton y arrivera, son Chef le précédera de deux ou trois pas, afin de pouvoir l'arrêter à propos par les commandemens ci-contre.
Halte.... ┼ *Front*.... ┼ *A gauche-alignement*. ┼	Au commandement, *halte*, le peloton s'arrêtera, & le serre-file de gauche rentrera à sa place de bataille. Au commandement, *front*, chacun fera à droite; le Chef aura soin ensuite, en faisant aligner son peloton par le commandement, *à gauche-alignement*, que la première file de gauche s'aligne correctement, en faisant face à l'épaule

Commandemens.	*Manière d'exécuter.*
	gauche de l'homme de gauche du premier rang du dernier des pelotons qui sont déja en bataille.
A gauche – en bataille. . . †	Il fera le commandement ci-contre, en se portant à l'aîle droite de son peloton, & fera aussi-tôt après les autres commandemens.
Marche. . . . †	Au commandement, *marche*, les têtes se porteront à droite, & le peloton fera, au pas de manœuvre, un mouvement de conversion à gauche.
Halte. . . . † *Alignement* †	Il s'arrêtera ensuite, s'alignera à droite, aux commandemens ci-contre.

Les Chefs de ces derniers pelotons, à mesure qu'ils arriveront sur la ligne, auront attention de ne commander, *à gauche en bataille*, qu'à l'instant où le peloton qui les précède y sera déja formé, & après que le Chef du peloton qui les suit aura commandé, *halte-front-alignement*.

ARTICLE II.

COLONNE la droite en tête, arrivant pardevans la nouvelle ligne de direction, arrêtant sur cette ligne, & s'y formant en bataille.

Commandemens.	*Manière d'exécuter.*
Chefs de pelotons-à l'aîle gauche. . . ǂ	Le Chef du bataillon, avant que la colonne arrive sur la nouvelle ligne, enverra les Chefs de peloton à l'aîle gauche de leurs pelotons, par le commandement *ci-contre*; les serre-file reculeront à leur poste, pour céder leur place aux Chefs de peloton : dès ce moment, le Chef du premier peloton de la tête se dirigera sur le Bas-Officier qui aura été placé sur cette nouvelle ligne, pour marquer l'endroit où doivent tourner les pelotons.
Tête de colonne tournez-à gauche . . . . ǂ *Tournez-à gauche* . . . . †	Le Chef du peloton de la tête commandera aussi-tôt, *tournez-à gauche*, à son peloton, & tournera lui-même de sa personne autour du Bas-Officier, placé

Commandemens.	*Manière d'exécuter.*
	sur la ligne, en le laissant à sa gauche; il se dirigera ensuite vers le point de vue indiqué; tous les autres pelotons viendront successivement tourner sur le même terrein, de la même manière, & par le même commandement, ils marcheront à leur chef-de-file, de façon que ledit point de vue leur soit toujours caché.
Colonne-halte ‡ *Halte.* . . . †	A ce commandement répété par les Chefs des pelotons qui sont sur la nouvelle ligne, & par ceux qui n'y sont pas encore, toute la *colonne* s'arrêtera en portant la tête à droite; chaque
A gauche-alignement. . †	peloton s'alignera ensuite à gauche, au commandement de son Chef.
A gauche en bataille. . . . . †	A ce commandement, chaque Chef des pelotons arrivés sur la nouvelle ligne, se portera à la droite de son peloton, & le serre-file le plus près de la droite du peloton de la tête, se portera

Commandemens.	Manière d'exécuter.
	sur l'alignement, & l'endroit où doit arrêter la droite du peloton de la tête.
Par le flanc droit-derniers pelotons-à-droite. . . ǂ *A-droite* . . †	Le commandement, *à droite*, sera répété seulement par chaque Chef des pelotons qui ne sont pas encore sur la ligne, lesquels se porteront aussi-tôt au côté gauche de leur premiere file droite; en même-tems que le peloton fera à droite, le remplacement qui était à la droite du premier rang y restera.
Marche. . . ǂ *Marche.* . . †	Au commandement, *marche*, généralement répété par chaque Chef de peloton, dans toute la colonne, les pelotons qui sont sur la nouvelle ligne, se mettront à gauche en bataille; leurs Chefs leur feront ensuite
Halte. . . . † *Alignement.* †	les commandemens ci-contre pour les arrêter & les aligner à droite.

Commandemens.	Manière d'exécuter.
	En même-tems chaque Chef des pelotons qui ne sont pas encore sur la ligne, y précédera son peloton, qui y viendra par le flanc droit, & le laissera passer derriere lui par dessus ladite ligne.
Halte.... † *Front*.... † *A gauche-alignement*.. †	A l'instant où la derniere file gauche y sera arrivée, le peloton s'arrêtera, fera front par un *à gauche*, & s'alignera ensuite à gauche, le tout au commandement particulier de son Chef. Les serre-files de gauche de ces pelotons, rentreront à leur place de serre-files au commandement, *halte*.
A gauche en bataille... † *Marche*... † *Halte*.... † *Alignement*. †	Ces pelotons se mettront ensuite successivement à gauche en bataille, par les commandemens ci-contre, en se conformant à ce qui vient d'être dit à la fin de *l'article précédent* pour les pelotons qui ne sont pas encore entrés dans la ligne.

ARTICLE III.

COLONNE la gauche en tête, arrivant par derrière la nouvelle ligne de direction, s'arrêtant sur cette ligne, & s'y formant en bataille.

Commandemens.	*Manière d'exécuter.*
Chefs de pelotons à l'aîle droite. . . ǂ	A ce commandement chaque Chef se portera à l'aile droite de son peloton, & son remplacement reculera en serre-file pour le laisser seul sur le flanc.
Tête de colonne tournez à gauche. . . . . ǂ *Tournez à gauche.* . . . . †	Le Chef du peloton de la tête fera aussi-tôt le commandement, *tournez à gauche*, à son peloton: il fera exécuter son mouvement de conversion, de manière qu'il puisse lui-même toucher le Bas-Officier, placé sur la nouvelle ligne, en le laissant à sa droite; tous les autres pelotons viendront successivement tourner sur le même terrein de la même manière, & par même commandement.
Colonne-halte ǂ *Halte.* . . . . † *Alignemens.* †	Au commandement, *halte*, répété généralement par tous les Chefs de peloton, toute la co-

Commandemens.	*Manière d'exécuter.*
	lonne s'arrêtera, & chaque peloton s'alignera à droite au commandement *particulier* de son Chef.
A droite en-bataille. . . ╪	A ce commandement, chacun des Chefs des pelotons qui sont arrivés sur la nouvelle ligne, se portera à l'aile gauche de son peloton, & le serre-file de gauche du peloton de la tête se portera sur l'alignement des pivots droits.
Par le flanc droit-derniers pelotons — à-droite. . . . ╪ *A droite.* . . †	Le commandement, *à droite*, sera répété seulement par les Chefs des pelotons qui ne sont pas encore arrivés sur la nounouvelle ligne; chaque Chef de ces pelotons se placera au côté gauche de sa premiere file droite en même-tems que chaque file fera *à droite*, & le remplacement qui avait passé en serre-file, se placera en avant de l'homme de droite du premier rang.
Marche. . . ╪ *Marche.* . . †	A ce commandement, qui sera généralement répété par chaque Chef de peloton dans toute la colonne, les pelotons qui sont dessus

Commandemens.	Manière d'exécuter.
	la nouvelle ligne, se mettront à droite en bataille, & seront arrê-
Halte. . . . † *A gauche-alignement.* . †	tés & alignés chacun au commandement ci-contre, fait par leur Chef, & le serre-file de gauche qui étoit venu se placer sur la ligne des pivots droits, rentrera aussi-tôt à sa place de bataille. En même-tems les pelotons qui ne sont pas encore sur la nouvelle ligne, s'y porteront par le flanc droit; chaque Chef précédera son peloton de deux ou trois pas sur ladite ligne, pour marquer l'endroit où doit arriver la droite de son peloton: à l'instant où la droite de chaque peloton arrivera sur la nouvelle ligne, son Chef l'y arrêtera par les com-
Halte. . . . † *Front.* . . . † *Alignement.* †	mandemens ci-contre; chaque homme fera ensuite front par un à gauche, & s'alignera au commandement particulier de son Chef de peloton: le remplacement qui était placé en avant de la premiere file droite, ne man-

Commandemens.	Manière d'exécuter
	quera pas de reculer en ferre-file au commandement, *halte*. Chaque Chef de ces pelotons fera enfuite & fucceffivement le commandement ci-contre, en fe portant à l'aile gauche de fon peloton.
A droite en bataille. . . †	
Marche. . . †	Au commandement, *marche*, les têtes fe tourneront vers la gauche, qui prendra auffi-tôt le pas de manœuvre, pour exécuter le mouvement de converfion à droite.
Halte.. . . . †	Au commandement, *halte*, les têtes reviendront à droite, & l'on s'alignera enfuite à gauche, en reportant les têtes de ce côté, au commandement, *à gauche-alignement*; alors chaque remplacement rentrera à fon pofte.
A gauche-alignement.. . †	
	A mefure que ces pelotons arriveront fur la nouvelle ligne, leurs Chefs auront attention de ne commander, *à droite en bataille*, qu'à l'inftant où le peloton qui les précéde y fera déjà formé,

Commandemens.	Manière d'exécuter.
	formé, & après que le Chef du peloton qui le suit aura commandé, *halte-front-alignement.*
Tête-à droite. ╪	Lorsque tous les pelotons seront formés en bataille, le Chef du bataillon fera le commandement ci-contre, auquel chaque Chef se reportera légérement à la droite de son peloton, & chacun tournera vivement la tête à droite.

ARTICLE IV.

COLONNE la gauche en tête, arrivant par devant la nouvelle ligne de direction, arrêtant sur cette ligne, & s'y formant en bataille.

Commandemens.	*Manière d'exécuter.*
Chefs de pelotons-à l'aîle droite. . . ╪	A ce commandement, chaque Chef de peloton se portera à l'aîle droite de son peloton.
Tête de colonne tournez-à droite. . . ╪ *Tournez-à droite.* . . . †	Le Chef du peloton de la tête, commandera aussi-tôt, *tournez à droite*, à son peloton; il fera exécuter son mouvement, de manière à laisser à sa droite, en tournant autour de lui, le Bas-

Commandemens.	*Manière d'exécuter.*
	Officier, placé ſur la nouvelle ligne; tous les autres pelotons viendront ſucceſſivement tourner ſur le même terrein, de la même manière, & par le même commandement.
Colonne-halte ǂ *Halte.* . . . . † *Alignement* . †	Au commandement, *halte*, généralement répété par chaque Chef de peloton, toute la colonne s'arrêtera, & chaque peloton s'alignera à droite au commandement particulier de ſon Chef.
A droite en bataille . . . . ǂ	A ce commandement, fait par le Chef du bataillon, chaque Chef des pelotons arrivés ſur la nouvelle ligne, ſe portera à l'aile gauche de ſon peloton; le ſerre-file de gauche du peloton de la tête, viendra ſe placer ſur l'alignement des pivots droits, & le remplacement de chaque peloton reculera en ſerre-file.
Par le flanc gauche derniers pelotons-à gauche . . . . ǂ *A-gauche* . . †	Le commandement, *à gauche*, ſera ſeulement répété par les

Commandemens.	Manière d'exécuter.
	Chefs des pelotons qui ne sont pas encore arrivés sur la nouvelle ligne ; en même-tems que chaque file de ces pelotons fera à gauche, le Chef se portera au côté droit de sa premiere file gauche, & le serre-file de gauche se placera en avant de ladite file gauche.
Marche. . . ‡ *Marche.* . . †	Au commandement, *marche*, qui sera généralement répété par tous les Chefs de pelotons de la colonne, les pelotons de la tête, qui sont déjà arrivés sur la nouvelle ligne, se mettront à droite en bataille, s'arrêteront & s'aligneront au commandement particulier de leur Chef :
A gauche alignement. . †	alors le serre-file de gauche, qui s'était placé sur l'alignement des pivots droits, rentrera en serre-file. En même-tems chaque Chef des pelotons qui ne sont pas encore arrivés sur la nouvelle ligne, y précédera de deux ou trois pas son peloton, qui s'y portera par le

Commandemens.	*Manière d'exécuter.*
	flanc gauche, le laissera couler derriere lui par dessus ladite ligne, & l'arrêtera par le com-
Halte. . . . †	mandement *ci-contre*, à l'instant où la dernière file droite sera arrivée sur ladite ligne de direction : alors le serre-file, placé à l'aîle gauche, & le remplacement placé à l'aîle droite, rentreront en serre-file.
Front. . . . † *Alignement*. †	Chacun fera front par un à droite, & s'alignera ensuite à droite au commandement particulier de son Chef.
A droite en bataille. . . . †	Chaque chef de ces pelotons fera le commandement *ci-contre*, en se portant à l'aîle gauche de son peloton ; il fera ensuite les
Marche. . . † *Halte*. . . . . † *A gauche alignement*. . †	commandemens *ci-contre*, pour exécuter son mouvement, pendant lequel chacun se conformera à ce qui vient d'être dit à la fin de l'*article précédent*.
	Les têtes se porteront de même à droite, ainsi que les

Commandemens.	*Manière d'exécuter.*
Tête-à droite. ‡	Chefs à la droite de leur peloton, au commandement *ci-contre*, fait par le Chef du Bataillon.

ARTICLE V.

COLONNE la droite en tête, arrivant par la droite du terrein qu'elle doit occuper en bataille, pour faire face à droite.

Commandemens.	*Manière d'exécuter.*
Sur la droite en bataille-Chefs de pelotons-à l'aîle droite. ‡ *Tête-à droite* †	A ce commandement, chaque Chef de peloton fera le commandement, *tête-à droite*, en se portant à l'aile droite de son peloton, son remplacement reculera en serre-file.
Tournez-à droite. †	Le Chef du peloton de la tête fera ensuite le commandement, *tournez à droite*, sur l'avertissement du Chef de Bataillon, & conduira son peloton jusques sur la droite de la nouvelle ligne de direction, marquée par un Bas-Officier placé à la droite de cette

Commandemens.	*Manière d'exécuter.*
	ligne; il arrêtera & alignera son peloton par les commandemens *ci-après*.
Halte. . . . †	Au commandement, *halte*, le peloton s'arrêtera, & le remplacement rentrera à sa place.
Alignement. †	Au commandement, *alignement*, le peloton s'alignera à droite, entre son Chef & le serre-file placé à l'aîle gauche, lequel rentrera à son poste de serre-file, aussi-tôt que le peloton sera aligné.
	Le second peloton continuera à marcher droit en avant, & lorsqu'il arrivera à hauteur de la file gauche du peloton qui est en bataille, son Chef lui fera faire son mouvement de conversion à droite par le même commandement que le premier; il l'arrêtera & l'alignera aussi de la même manière.
	Tous les autres pelotons arriveront successivement aussi de

Commandemens.	Manière d'exécuter.
	même sur la nouvelle ligne de bataille.

ARTICLE VI.

COLONNE la gauche en tête, arrivant par la gauche du terrein qu'elle doit occuper en bataille, pour faire face à gauche.

Commandemens.	Manière d'exécuter.
Sur la gauche en bataille-Chefs de pelotons-à l'aile gauche ╪	A ce commandement, chaque Chef, en se portant à l'aile gauche de son peloton, lui commandera,
Tête-à gauche †	*tête à gauche.*
Tournez-à gauche. . . †	Le Chef du peloton de la tête fera ensuite le commandement, *tournez à gauche*, sur l'avertissement du Chef de Bataillon ; il conduira son peloton sur la gauche de la nouvelle ligne de direction marquée par un Bas-Officier placé à ladite gauche de cette ligne ; il arrêtera & alignera son peloton par les commandemens *ci-après.*

Commandemens.	Manière d'exécuter.
Halte. †	Au commandement, *halte*, le peloton s'arrêtera, & chaque homme tournera la tête à droite.
A gauche-alignement. †	A ce commandement, chacun tournera la tête à gauche, pour s'aligner entre le Chef de peloton qui est à l'aile gauche, & le remplacement qui est à l'aile droite.
	Le second peloton continuera de marcher droit en avant, & lorsqu'il arrivera à hauteur de la file droite du peloton qui est en bataille, son Chef lui fera faire son mouvement de conversion à gauche par le même commandement que le premier; il l'arrêtera ensuite, & l'alignera aussi de la même manière; mais il se placera en arrivant sur l'alignement du peloton de la tête, en avant du Bas-Officier de remplacement de ce peloton, lequel reculera au second rang, pour lui céder sa place au premier.

Commandemens.	Manière d'exécuter.
	Tous les autres pelotons arriveront aussi de la même manière sur la nouvelle ligne.
Tête à droite. ✝	Lorsque tous les pelotons seront en bataille, le Chef du Bataillon fera le commandement *ci-contre*, auquel chacun tournera la tête à droite, & les Chefs se reporteront à la droite de leur peloton.

TITRE HUITIEME.

De la manière de faire serrer en masse une Colonne d'un Bataillon composé de dix Compagnies, suivant la formation Indienne; de la marche de ladite Colonne, & des différentes manières d'en former les déployemens.

ARTICLE PREMIER.

REGLES GENERALES.

TOUTE troupe serrée en masse exécutera toujours ses mouvemens au pas de manœuvre, & au seul commandement du Chef de bataillon; les

Chefs de subdivision ne répéteront aucuns de ses commandemens ; ils avertiront seulement les Cipayes, *à basse voix ou par signe*, de ce qu'ils ont à faire, & feront seulement, dans les déploye-mens, les commandemens de détail nécessaires au mouvement particulier de leur subdivision : ainsi qu'il sera expliqué dans les différentes manières de se déployer.

OBSERVATION.

L'Ordonnance du Roi ne dit point qu'une colonne serrée en masse, doive ou non exécuter des mouvemens de conversion sur son pivot : en effet, il y a peu de nécessité à *défendre ou permettre une chose qui paraît impratiquable* ; mais comme j'ai rencontré des partisans de cette défectueuse manœuvre, qu'il n'a pas été à mon pouvoir de faire changer de sentiment, j'ai cru devoir en soumettre l'observation à tout le Militaire de l'armée, qui verra d'un coup-d'œil qu'un tel mouvement ne peut se faire sans causer un trouble réel dans toute la colonne, qui doit être alors en marche par le front de ses divisions, & sans mettre, en certains cas, le soldat en si grand désordre, qu'on ne parviendrait qu'avec peine à pouvoir le rallier.

Comme il est à croire que ce faux mouvement de conversion ne peut avoir été imaginé que dans l'intention de pouvoir se déployer en faisant face à droite ou à gauche, après avoir fait converser la colonne entière de l'un de ces deux côtés, je demande la permission d'observer, qu'il paraît plus naturel & moins contraire à tout principe, lorsque *la colonne se trouve dans le cas de faire face du côté de son flanc droit ou de son flanc gauche*, de rétablir la distance entière entre les divisions, par les commandemens & les moyens *ci-après*, lesquels j'ai cru employer dans certaines occasions, bien qu'à la vérité ils ne soient pas indiqués par l'Ordonnance du Roi; car elle ne permet de rétablir d'autre distance que celle de sections, après avoir serré en masse, comme on peut le voir au Titre 12 du passage des lignes, Article 8 de l'Ordonnance de 1776.

Commandemens.	*Manière d'exécuter.*
Colonne - distance entière, Marche..., ✝	A ce commandement, la première division continuera de marcher le même pas; la seconde marchera le petit pas; la troisième, ainsi que toutes les autres divisions de la colonne, marqueront le pas, chacune au commandement de leur Chef, qui commandera ensuite, *en avant-*

Commandemens.	*Manière d'exécuter.*
	marche, au moment où il verra sa distance rétablie ; ce mouvement s'exécutera successivement depuis la tête jusqu'à la queue de la colonne.

L'on peut aussi faire ce mouvement étant de pied ferme ; la distance étant rétablie, l'on peut se mettre en bataille à droite ou à gauche, suivant le flanc par lequel on se trouve attaqué ; il est vrai que si la colonne, ayant la droite en tête, est obligée de se mettre en bataille à droite, pour faire face à l'ennemi, que je suppose être de ce côté, les divisions, *dans ce seul cas*, se trouveront *inverties* ; mais à bien considérer, il ne peut rien résulter de fâcheux de cette inversion, attendu que chaque Compagnie fait face par son premier rang, & que chacune se trouve toujours dans son ordre de formation avec cette différence, que cet ordre est observé de gauche à droite, au lieu d'être observé de droite à gauche. Je laisse à juger si cette inversion peut se tolérer dans un cas urgent : je ne propose point d'ailleurs ceci comme manœuvre d'adoption générale, ni même particulière, parce qu'assurément, si on l'en eût jugé susceptible, l'Ordonnance l'eût mise au rang des autres ; mais les moyens abusifs, & même dangereux que j'ai vu employer en faisant tourner sur son pivot toute une colonne serrée en masse, m'ont donné l'idée de représenter qu'en pareille occasion, il est un plus sûr moyen de pouvoir se défendre de tel côté que l'ennemi se présente.

J'ajoute encore, qu'au lieu de s'entêter mal-à-propos, comme je l'ai vu, à vouloir faire exécuter des mouvemens de conversion sur son pivot, à une colonne serrée en masse, pour déployer & faire face à droite ou à gauche, après avoir tourné; l'on peut même, sans être obligé de rétablir les distances entre les subdivisions, se mettre *sur la droite ou sur la gauche en bataille*, suivant que la colonne arrive avec la droite ou la gauche en tête, par la droite ou par la gauche de la nouvelle ligne, en se conformant à ce qui a été dit Article 5 & Article 6 du *septième Titre*.

Suite des Règles générales.

TOUTES les fois qu'une colonne arrivera la droite en tête par derrière le centre de la ligne qu'elle doit occuper après le déployement, elle se déployera partie par sa droite, & partie par sa gauche; par conséquent une des divisions du centre ayant été désignée pour division d'alignement, toutes les divisions de la tête qui précédent ladite division d'alignement, feront à droite au commandement du Chef de Bataillon, & toutes celles de la queue de la colonne feront à gauche.

Si la colonne arrive par derrière la droite de la ligne, elle se deployera toute entière par sa gauche; alors la Compagnie de Grenadiers se trouvant division d'alignement, n'aura point à bouger, & toutes les autres divisions de la colonne feront à gauche.

Si au contraire la colonne arrive par derrière la gauche de la ligne, elle se déployera toute entière par sa droite; alors la Compagnie de Chasseurs, qui forme la queue de la colonne, fera la division d'alignement, & toutes les autres divisions feront à droite.

Toutes les fois qu'une colonne arrivera, la gauche en tête, on observera l'invers des trois manières de se déployer *ci-dessus*; de façon que si la colonne arrive par derrière le centre, elle se déployera plus ou moins, partie par sa droite, & partie par sa gauche : la division d'alignement ayant été désignée, toutes celles de la tête qui la précédent feront à gauche, & toutes celles de la queue feront à droite.

Si la colonne arrive par derrière la droite de la ligne, elle se déployera toute entière par sa gauche; par conséquent la Compagnie de Grenadiers, qui se trouve à la queue de la colonne, sera division d'alignement, & toutes celles qui la précédent feront à gauche.

Si au contraire la colonne arrive par derrière la gauche de la ligne, elle se déployera toute entière par sa droite; alors la Compagnie de Chasseurs se trouvant division d'alignement, n'aura point à bouger, & toutes les autres divisions de la colonne feront à droite.

Toutes les fois qu'une colonne approchera du terrein sur lequel elle doit se déployer, le Chef du Bataillon aura attention de placer sur la nouvelle ligne de direction deux Bas-Officiers, qui se feront face, & s'aligneront directement entre les deux points qui auront été indiqués pour marquer l'endroit où doit arriver la tête de la colonne: ces deux Bas-Officiers seront distans l'un de l'autre de l'étendue du front d'une division; la division de d'alignement ayant été démasquée, marchera droit en avant, & viendra s'aligner contre & en arrière des deux Bas-Officiers, de manière que l'alignement pris, les deux points de direction qui auront été indiqués, se trouveront en avant du front; les deux Bas-Officiers démasqueront la division aussi-tôt qu'elle sera alignée.

De même aussi, lorsqu'une colonne approchera du terrein sur lequel elle doit se déployer, s'il n'y a pas de point fixe pour servir de point de direction, l'on fera placer deux Bas-Officiers qui se feront face; ces deux Bas-Officiers seront distans l'un de l'autre de toute l'étendue du front du Bataillon.

Toutes les fois qu'une colonne, avec la droite ou la gauche en tête, devra former un déployement, & qu'une des divisions quelconque de la colonne aura été désignée pour division d'alignement, son Chef lui fera aussi-tôt le commandement, *tête à gauche*, comme il sera expliqué ci-après.

J'observe cependant que, dans presque tous les Régimens, il est de tolérance que, dans *le seul cas* où le déployement se fait sur la première division ayant la droite en téte, son Chef lui commande, *alignement*, au lieu de lui commander, *tête à gauche*; & ce, afin d'éviter un commandement *particulier & de surplus*, pour faire porter les têtes à droite à cette division, qui, suivant l'intention de l'Ordonnance, ferait la seule qui ait la tête à gauche après le mouvemenr fait, puisque toutes les autres divisions sont venues s'aligner sur elle.

ARTICLE II.

MANIÈRE de serrer en masse.

Commandemens.	*Manière d'exécuter.*
A distance de sections serrez la colonne. ǂ *Marche....* ǂ	Le commandement, *marche*, sera répété par chaque Chef de subdivision, exepté par celui de la subdivision de la tête.
Pas de manœuvre..... †	Toutes les subdivisions prendront le pas de manœuvre, excepté

Commandemens.	Manière d'exécuter.
Marche.... †	cepté celle de la tête qui continuera toujours à marcher le pas ordinaire; à mesure que chaque subdivision arrivera à distance de sections, elle reprendra le pas ordinaire au commandement particulier de son chef.
Pas ordinaire. ... † *Marche*... †	
	Après que toutes les subdivisions seront serrées à distance de sections, & avant de serrer en masse, l'on fera former les divisions si elles ne le sont pas ; & ce, afin de se conformer à l'intention de l'Ordonnance : l'on formera les divisions de la manière indiquée à l'Article 8, Titre 6.
En masse serrez la colonne.. ǂ *Marche*... ǂ	Au commandement, *marche*, qui sera répété par chaque Chef de division ; excepté par celui de la tête, toutes les divisions prendront le pas de manœuvre, chacune au commandement particulier de son Chef, excepté
Pas de manœuvre.... † *Marche*.... †	

Commandemens.	Manière d'exécuter.
	celle de la tête, qui continuera toujours à marcher le pas ordinaire; à mesure que chaque division arrivera à deux pas de distance du dernier rang de la division qui la précéde, elle re-
Pas ordinaire. . . † *Marche*. . . †	prendra le pas ordinaire au commandement particulier de son Chef.

Si l'on veut exécuter ces mouvemens de pied-ferme, la division de la tête n'aura point à bouger au commandement, *marche*, & chaque division, à mesure qu'elle arrivera à la distance prescrite de celle qui la précéde, sera arrêtée par son Chef, qui lui fera le commandement, *halte-à gauche-alignement*, ou *alignement*, suivant qu'elle aura la droite ou la gauche en tête.

Si à l'instant où la première division de la tête arrive sur la nouvelle ligne, la colonne n'étoit pas encore toute entière, serrée en masse, le Chef du

Commandemens.	Manière d'exécuter.
	Bataillon pourrait néanmoins l'arrêter par le commandement *ci-après*, de même que si le mouvement était généralement achevé.
Colonne halte.	A ce commandement, toutes les divisions qui sont déjà serrées en masse, s'arrêteront sans que leur Chef soit tenu de répéter le commandement ; & celles qui ne sont point encore serrées n'arrêteront qu'au commandement particulier de leur Chef, à mesure qu'elles arriveront à la distance prescrite.

ARTICLE III.

COLONNE avec la droite en tête, arrivant par derrière le centre du terrein qu'elle doit occuper après le déployement.

Commandemens.	Manière d'exécuter.
	LES points de direction ayant été désignés, à l'instant où la Compagnie de Grenadiers arrivera contre les deux Bas-Offi-

Commandemens.	*Manière d'exécuter.*
	ciers placés sur la ligne, le Chef du Bataillon fera les commandemens *ci-après*.
Colonne-halte ╪	A ce commandement, qui ne sera répété par personne, toute la colonne s'arrêtera, & chacun portera la tête à droite.
Sur la quatrième division-déployez la colonne. ╪	A ce commandement, le Chef de la 4e division se portera à l'aîle gauche de sa subdivision, qui, au commandement, *halte*, avait tourné la tête à droite; il lui commandera, *tête à gauche*, en se plaçant un pas en avant de sa première file gauche.
A droite-&-à gauche. . . ╪	A ce commandement, toutes les divisions de la tête qui précédent la *quatrième*, feront à droite, & toutes celles de la queue feront à gauche; la 4e division ne bougera point.
Marche. . . . ╪	Au commandement, *marche*, toutes les divisions de la tête qui ont fait à droite, marche-

Commandemens.	*Manière d'exécuter.*
	ront par le flanc droit, les Bas-Officiers de remplacement qui se trouvent seuls sur le flanc droit de chaque division, s'aligneront ensemble en tournant la tête à gauche pour marcher à hauteur de la division de la tête, & ils observeront toujours entre chaque division la distance de deux pas ; en même-tems toutes les divisions de la queue de la colonne, qui auront fait à gauche, marcheront par le flanc gauche ; les Bas-Officiers de serre-file, placés à ce flanc, s'aligneront ensemble en tournant la tête à droite, & observant en marchant ainsi à hauteur l'un de l'autre, la distance de deux pas.
	Aussi-tôt que la 4e division aura été démasquée, son Chef lui commandera, *pas-de-manœuvre-marche*, pour la porter sur la nouvelle ligne de direction.
	Lorsque sa division sera arri-

Commandemens. *Manière d'exécuter.*

vée contre les deux Bas-Officiers, placés sur cette ligne, il fera les commandemens, *halte-à-gauche-alignement*, & alignera sa division entre les deux Bas-Officiers qui la démasqueront aussi-tôt qu'elle sera alignée, le Bas-Officier de remplacement reculera aussi-tôt au second rang, & s'effacera ensuite pour laisser passer devant lui le Chef placé à l'aîle gauche de la 3e division, qui doit être à la droite de la sienne, après le déployement : lorsque la 3e division aura marché un nombre de pas égal à l'étendue de son front, son chef lui fera les commandemens, *halte-front, tête-à-gauche* en se portant un pas en avant de la première file gauche; aussi-tôt que sa division sera démasquée par la 2e, il la conduira droit sur la nouvelle ligne, par les commandemens, *pas de manœuvre-marche*, l'arrêtera par le comman-

Commandemens.	Manière d'exécuter.
	dement, *halte*, & fera ensuite le commandement, *à gauche-alignement*, pour aligner sa division entre lui & son Bas-Officier de remplacement, lequel reculera à sa place ordinaire, aussi-tôt que la division sera alignée, & s'effacera pour laisser passer au premier rang le Chef placé à l'aîle gauche de la seconde division, qui doit venir se placer à sa droite, & sur le même alignement ; le déployement continuera ainsi dans chaque division qui a fait à droite, & toutes ces divisions se porteront successivement par échelons sur le nouvel alignement.
	Pendant que ce mouvement s'exécutera par la droite, la 5e division, & toutes les autres divisions de la queue de la colonne qui auront fait à gauche, continueront à marcher par le flanc gauche, ayant chacune au premier rang, & en avant de leur pre-

Commandemens.	*Manière d'exécuter.*
	mière file, le ferre-file le plus près de la gauche; auffi-tôt que la 5ᵉ divifion aura marché un nombre de pas égal à l'étendue de fon front, fon Chef lui fera le commandement, *halte-front*, & en fe portant à un pas en avant de la première file droite de fa divifion, qui aura la tête à droite, il commandera enfuite, *pas de manœuvre-marche*, & conduira fa divifion fur la nouvelle ligne, où il l'arrêtera par le commandement, *halte*, en fe plaçant à la gauche du premier rang de la divifion d'alignement, dont le Chef aura reculé au fecond rang, en s'effaçant un peu pour lui céder fa place au premier; il fera enfuite le commandement, *alignement*, pour aligner fa divifion à droite entre lui & fon ferre-file de gauche qui aura précédé, ainfi que lui, la divifion d'un pas fur la nouvelle ligne; ce dernier reculera à fa place de

Commandemens.	*Manière d'exécuter.*
	ferre-file, auffi-tôt la divifion alignée. Toutes les autres divifions de la queue de la colonne, fe déployeront fucceffivement de la même manière qu'il vient d'être dit pour la cinquième.
	Nota. Toutes les fois que deux fubdivifions devront s'aligner l'une fur l'autre, le Chef ou remplacement de la fubdivifion arrivée la première fur le terrein, reculera au fecond rang, pour céder fa place au premier rang, au Chef de la fubdivifion qui viendra pour s'aligner à la droite ou à la gauche de la fienne.
	Lorfque, par la nature du mouvement, le Chef, placé à la droite de fa fubdivifion, fe trouvera couvrir celui de la fubdivifion d'alignement, il s'effacera un peu, pour laiffer paffer ce dernier, qui fe reportera à la droite de fa fubdivifion au commandement qui en fera fait.
Têtz-à droite ╪	A ce commandement, qui ne

Commandemens.	*Manière d'exécuter.*
	ſe fera qu'après le déploiement fait & l'alignement rectifié, chaque Chef, qui n'était point à ſon poſte, s'y placera en avant de ſon Bas-Officier de remplacement, & à la droite de ſa diviſion, dont chacun tournera la tête à droite.
	L'on peut auſſi déployer la colonne ſur telle autre diviſion que la quatrième, ſuivant la quantité de diviſions que le terrein permet de déployer par la droite ou par la gauche.

ARTICLE IV.

COLONNE la droite en tête, arrivant par derrière la droite du terrein qu'elle doit occuper après le déployement.

Commandemens.	*Manière d'exécuter.*
Sur la Compagnie de Grenadiers-déployez la colonne..	A ce commandement, le Capitaine de Grenadiers ſe portera à la droite de ſa Compagnie, l'alignera à droite par le commandement, *alignement*, en obſervant

Commandemens.	*Manière d'exécuter.*
	d'en diriger la gauche sur le point de vue de gauche qui lui aura été indiqué.
A-gauche. ⸸	A ce commandement, toutes les divisions de la colonne feront à gauche, excepté la Compagnie de Grenadiers, qui n'aura point à bouger.
Marche. ⸸	Au commandement *marche*, toutes les divisions qui ont fait à gauche, marcheront par le flanc gauche, & se conformeront successivement, pour le reste du mouvement, à ce qui vient d'être dit à l'article précédent pour les divisions de la queue de la colonne, qui déploient sur la quatrième.

ARTICLE V.

COLONNE la droite en tête, arrivant par derrière la gauche du terrein qu'elle doit occuper après le déployement.

Commandemens.	*Manière d'exécuter.*
Sur la Compagnie de Chasseurs-déployez la colonne. ⸸	A ce commandement, le Capitaine de Chasseurs fera le com-

Commandemens.	Manière d'exécuter.
	mandement, *tête à gauche*, en se portant un pas en avant de sa première file gauche.
A-droite. ∓	Au commandement, *à droite*, toutes les divisions de la colonne feront à droite, excepté les Chasseurs, qui n'auront point à bouger.
Marche. ∓	Au commandement, *marche*, toutes les divisions qui ont fait à droite marcheront par le flanc droit, en se conformant, pour le reste du mouvement, à ce qui a été dit à l'article 3, pour les divisions de la tête de la colonne, qui déploient sur la 4e division, laquelle exécute alors les mouvemens que doit exécuter au présent article la Compagnie de Chasseurs.
	Ces trois différentes manières de déployer peuvent de même s'exécuter avec la gauche en tête, avec cétte différence que, lorsqu'on déployera sur le centre, toutes les divisions de la tête

Commandemens. *Manière d'exécuter.*

feront à gauche, & celles de la queue feront à droite.

Quand on arrivera par derrière la droite du terrein, toutes les divisions de la colonne feront à gauche, excepté la Compagnie de Grenadiers, qui se portera, au pas de manœuvre, sur la nouvelle ligne, après avoir été démasquée.

Quand on arrivera par derrière la gauche du terrein, toutes les divisions feront à droite, excepté la Compagnie de Chasseurs, qui n'aura point à bouger, attendu qu'elle se trouve déjà sur la nouvelle ligne & à la place qu'elle doit occuper après le déployement.

ARTICLE VI.

COLONNE *avec la droite ou la gauche en tête, devant se déployer pour faire face du côté opposé à sa marche.*

Commandemens. *Maniere d'exécuter.*

LORSQU'UNE colonne, marchant par divisions, devra se dé-

Commandemens.	Manière d'exécuter.
	ployer pour faire face du côté opposé à sa marche, l'on fera serrer à distance de sections; on laissera ensuite couler la colonne, jusqu'à ce que le second rang de la dernière division ait dépassé la ligne. La colonne ayant été arrêtée, exécutera une contre-marche dans chaque division, par les commandemens ci-après.
Dans chaque division contre-marche ✝	A ce commandement, le Chef de chaque division commandera, *à droite-marche*, & conduira la droite de sa division au point qu'occupoit la gauche, marqué par le serre-file qui en appuyait le flanc, lequel aura resté à sa place. Le Chef de la division fera ensuite le commandement, *halte-front*, *à gauche-alignement*, ou *alignement*, suivant que la division aura la droite ou la gauche en tête. La contre-marche exécutée, l'on fera serrer en masse, & ensuite on fera déployer, en se conformant à ce qui a été dit

Commandemens.	*Manière d'exécuter.*
	dans les *trois différentes* manières de déployer avec la droite ou la gauche en tête.

TITRE NEUVIEME.

De la marche en bataille.

ARTICLE PREMIER.

Règles à observer dans la marche en avant.

Commandemens.	*Manière d'exécuter.*
	TOUTE troupe en bataille est sous le seul commandement du Commandant en chef. Le commandement, *en avant*, désignera toujours le pas ordinaire ; lorsqu'on voudra faire marcher le pas de manœuvre, l'on en fera l'avertissement avant le commandement, *marche*.
Bataillon en avant. ‡	A ce commandement, le drapeau & sa garde, ou, à son défaut, le Chef de peloton du centre du bataillon, tel qu'il soit de son

Commandemens.	Manière d'exécuter.
	grade, se portera six pas en avant du front, pour marquer le pas & la direction.
Marche.... ╤	A ce commandement, chacun partira de la jambe gauche, les têtes du demi-rang de droite se tournant à gauche, & celles du demi-rang de gauche restant placées à droite, de manière que chacun ait alternativement l'œil fixé vers le centre & vers celui qui marque le pas.
	L'attention indispensable de celui qui se trouve en avant du centre, pour marquer le pas, doit être, si le Commandant ne lui a pas indiqué un point de vue quelconque, d'en prendre un de lui-même, fixe & droit devant lui, tel que serait une *pagode*, un arbre, une maison, ou tel autre objet qui pourrait s'offrir à sa vue; & afin de pouvoir se diriger droit sur ce point, il doit, entre lui & ledit point de vue ou de direction, prendre de distance en distance,

Commandemens.	Manière d'exécuter.

distance, & se prolonger sur d'autres points connus pour points intermédiaires, comme un arbrisseau, un buisson ou éminence de terre, & généralement tout objet saillant que le terrein pourra lui offrir, & dont il doit se servir *gradativement*, pour se diriger sur ledit point de vue ou de direction, comme l'on se sert du guidon d'un fusil pour ajuster l'objet que l'on veut toucher.

Il est évident que la direction du bataillon ne peut se trouver juste, si cette attention n'est scrupuleusement observée par celui qui marque le pas en avant du front, & si le Bas-Officier qui le remplace au premier rang, ne prend aussi celle de faire appuyer à droite ou à gauche l'un des deux rangs qui, en serrant sur le centre, pourrait empêcher ledit Bas-Officier d'être à son chef de file, par lequel il doit être tellement couvert, que ledit point de vue

Commandemens.	*Manière d'exécuter.*
	ou de direction lui soit toujours caché.
	Ensuite de ce procédé de *mathématique naturelle*, tel qu'il s'en rencontre dans toutes les actions de la vie, le Commandant pourra changer la direction de son bataillon, s'il le juge à propos.

ARTICLE II.

Changement de direction à droite ou à gauche.

Commandemens.	*Manière d'exécuter.*
Changez de direction à droite, ou à gauche. ǂ *Marche....* ǂ	Au commandement, *marche*, le Porte-Drapeau & sa Garde, ou, à son défaut, le Chef du peloton du centre se dirigera plus ou moins en demi à droite ou en demi à gauche, vers le nouveau point de vue ou de direction que le Commandant en chef aura *indispensablement* indiqué; le Bas-Officier de remplacement, au centre du premier rang, redoublera alors d'attention, afin de se trouver dans la même direction

Commandemens.	*Manière d'exécuter.*
	que son chef de file, par lequel il doit être toujours couvert, & de pouvoir, par ce moyen, régler le mouvement du bataillon, dont l'alignement continuera toujours à être sur le centre : ledit Bas-Officier de remplacement observera toujours la distance de six pas entre lui & le Porte-drapeau.
	Si le bataillon doit seulement appuyer à droite ou à gauche, pour se détourner d'un obstacle quelconque sans rompre la ligne, le Chef le fera marcher obliquement par les moyens & les commandemens indiqués à l'article suivant, en observant d'indiquer lui-même la nouvelle direction & le degré d'obliquité.

ARTICLE III.

De la Marche oblique.

Commandemens.	*Manière d'exécuter.*
Oblique-à droite, ou *à gauche*. ╪ *Marche*. . . . . ╪	AU commandement, *marche*, chaque homme aura attention,

Commandemens.	Manière d'exécuter.
	en formant son premier pas, de porter la jambe droite à droite, si l'on oblique à droite, & de gagner du terrein de la gauche, en la portant en avant & droit devant lui : si, au contraire, on oblique à gauche, chacun portera la jambe gauche à gauche, en gagnant du terrein de la droite, qu'il portera en avant.
	Dans l'un & l'autre cas, le même ordre sera toujours observé pour la direction & pour l'alignement; la cadance du pas sera aussi la même que dans la marche en avant. Lorsque le Chef du bataillon voudra faire cesser la marche oblique, il fera les commandemens *ci-après.*
En avant. . ‡ *Marche.* . . ‡	Au commandement *marche*, chacun déterminera son pas droit devant soi; le Porte-Drapeau ou Chef du peloton du centre qui marque le pas, prendra un nouveau point de vue ou de direction en avant de lui, & sur lequel

Commandemens.	*Manière d'exécuter.*
	il se dirigera de la manière indiquée à l'article 1er du *présent Titre*. L'alignement sera toujours aussi le même, ainsi que la vîtesse ou cadence du pas.

ARTICLE IV.

MANIÈRE de passer alternativement d'un pas à l'autre en marchant en avant.

OBSERVATION.

L'ORDONNANCE du Roi permet que lorsqu'on veut faire passer d'un pas à l'autre, l'on fasse le commandement *marche*, indistinctement sur l'une ou l'autre jambe, de même que le commandement *halte*, quand on veut arrêter la troupe.

J'observe cependant, & sans m'écarter du principe, que si le Commandant en chef, après avoir indiqué le pas auquel il veut faire passer la troupe, veut avoir l'attention de ne faire le commandement *marche*, qu'à l'instant où le pied gauche pose à terre, il en résultera que le pas indiqué devant alors être commencé de la jambe droite qui est ordinairement libre dans tous ses mouvemens, l'ensemble & la précision seront beaucoup mieux observés que si le pas était commencé de la jambe gauche, attendu que cette partie est toujours moins agile que la droite à cause du port de l'arme.

Si, par la même raison, lorsqu'on veut arrêter la troupe, l'on a attention de faire le commandement *halte*, à l'instant où le pied gauche est encore levé, le soldat étant obligé, alors, de finir le pas commencé de la jambe gauche, sera obligé aussi d'assembler du pied droit, & cette partie étant plus souple, le *halte* sera beaucoup plus ferme.

Commandemens.	*Manière d'exécuter.*
Pas de manœuvre. *Marche....* ╪	Au commandement, *marche*, toute la ligne quittera le pas ordinaire, & prendra le pas de manœuvre; chaque file aura attention de céder au flux ou mouvement qui vient du centre, & de résister à celui qui vient de l'aile du demi-rang dont elle fait partie, en observant toujours de ne point se quitter les coudes, & de conserver son alignement.
Pas ordinaire. *Marche...,* ╪	L'on fera le commandement *ci-contre*, pour faire repasser du pas de manœuvre au pas ordinaire, & l'on pourra ensuite faire

Commandemens.	*Manière d'exécuter.*
	marcher tous les différens pas ci-après désignés.
Allongez-Marche.... ǂ	Le pas allongé est du même degré de vîtesse que le pas ordinaire; mais sa longueur est de deux pieds & demi.
Petit pas-Marche.... ǂ	La vîtesse du petit pas est la même que celle du pas ordinaire & du pas alongé; mais sa longueur n'est que d'un pied.

ARTICLE V.

MANIÈRE de marquer le pas & de marcher en arrière.

Commandemens.	*Manière d'exécuter.*
Marquez-le pas.... ǂ	A ce commandement, chacun formera ses pas sous lui, en observant toujours la cadence ou vîtesse du pas ordinaire, & restera en mouvement jusqu'au commandement *halte*, ou jusqu'au commandement *en avant-marche*.

De la marche en arrière.

En arrière-Marche.... ǂ	Le premier pas se fera en portant en avant la jambe gauche,

Commandemens.	*Manière d'exécuter.*
	que l'on repassera ensuite en arrière, le jaret tendu; les autres pas se continuent en retirant alternativement l'une & l'autre jambe sans les croiser.
	Ce pas ne sera employé que pour faire reculer à une très-petite distance une troupe qui serait trop avancée. L'on s'arrêtera ferme, comme dans tous les autres pas, au commandement ci-contre.
Bataillon-halte... ‡	*ci-contre.*

ARTICLE VI.

BATAILLON allant à la charge, se retirant après avoir chargé l'ennemi, & lui faisant face ensuite par un demi-tour à droite.

Commandemens.	*Manière d'exécuter.*
Pas de charge-Marche.... ‡	A ce commandement, chacun marchera suivant le degré de vîtesse indiqué par les Tambours, qui observeront de battre la charge, d'abord très-lentement & presque dans la vitesse du pas ordinaire, l'accélérant peu-à-peu,

Commandemens.	*Manière d'exécuter.*
	mais ne changeant le degré de vîtesse tout au plus que de cent en cent pas, au signal qui en sera fait par le Chef du bataillon, & jusqu'à ce que la batterie soit à raison de cent vingt pas par minute : l'on pourra cependant encore accélérer ce dernier degré de vîtesse *à la fin de la charge*, si on le juge nécessaire.
	Le bataillon devant se retirer après avoir chargé l'ennemi, si le Commandant en chef ne veut point faire cesser toute batterie pour faire les commandemens *halte*, *& demi-tour à droite*, il fera seulement un signal aux Tambours pour faire battre un couplet de *retraite*, au commencement duquel le bataillon fera *halte*, *demi-tour à droite*, sans qu'il soit fait aucun autre commandement : le Porte-Drapeau & sa garde rentrera aussi-tôt; le bataillon s'alignera à droite, & se retirera ensuite dans l'ordre ci-après.

Commandemens.	*Manière d'exécuter.*
Bataillon en avant.... ╤	A ce commandement, les quatre Bas-Officiers qui forment le second rang de la garde du Drapeau, devant alors marquer le pas, se porteront à quatre pas en avant du serre-file de cette garde, lequel serre-file se jettera à droite ou à gauche, pour les laisser passer, & se remettra ensuite à sa place : ces quatre Bas-Officiers seront remplacés, au second rang, par ceux du premier; en même tems les Bas-Officiers de remplacement de chaque peloton avanceront sur l'alignement des serre-files, afin que le Chef de leur peloton puisse avancer au second rang, devenu le premier.
Pas de manœuvre-Marche.... ╤	A ce commandement, chacun prendra le pas de manœuvre, & l'alignement sera sur le centre. Lorsque le Chef jugera à propos d'arrêter la ligne pour faire ensuite face à l'ennemi, il fera les commandemens ci-après.

Commandemens.	Manière d'exécuter.
Bataillon-halte... ╪	A ce commandement, chacun s'arrêtera en tournant la tête à droite : les quatre Bas-Officiers du second rang de la garde du Drapeau, qui étaient passés en avant pour marquer le pas, rentreront à leur place, & le serre-file se dérangera un peu pour les laisser passer; les remplacemens, qui étaient passés sur l alignement des serre-files, rentreront aussi à leur poste.
Demi tour-à droite... ╪|	A ce commandement, toute la ligne fera front par le premier rang; chaque file se conformant à ce qui a été dit à l'art. 3, tit. 3, pour faire *demi tour à droite*, & *exécuter les feux en arriere*, & chacun tournera la tête à droite.
Sur le centre-alignement ╪	A ce commandement, le demi-rang de droite tournera la tête à gauche, & les deux demi-rangs s'aligneront sur le centre; l'alignement étant pris, le Chef fera le commandement *ci-après*.
Tête-à droite ╪	A ce commandement, le demi-

Commandemens.	Manière d'exécuter.
	rang de droite tournera vivement la tête à droite.

ARTICLE VII.

PASSAGE de l'obstacle en marchant en bataille.

Commandemens.	Manière d'exécuter.
	SI, en marchant en bataille, il se présente un obstacle qui masque entièrement l'un des deux demi-rangs, le Chef du bataillon fera le commandement *ci-après*, si c'est le demi-rang de droite qui se trouve masqué.
Demi-rang de droite-obstacle. Par le flanc gauche-demi-rang de droite-halte.... ‡	Au commandement, *halte*, tout le demi-rang de droite s'arrêtera; le Porte-Drapeau & sa garde, qui fait partie de ce demi-rang, rentrera aussi-tôt à sa place; le demi-rang de gauche continuera toujours à marcher de front, & le Chef du premier peloton de ce demi-rang se portera en avant pour remplacer le Porte-Drapeau & sa garde.

Commandemens.	Manière d'exécuter.
A-gauche. ⸸	Au commandement, *à gauche*, tout le demi-rang de droite fera à gauche; les Chefs de peloton sortiront du rang, & se tiendront au côté droit du Bas-Officier qui les remplace au premier rang; en même tems le serre-file le plus près de la gauche du peloton de gauche du demi-rang de droite, se portera en avant pour conduire le flanc.
Marche.... ⸸	Au commandement, *marche*, tout le demi-rang de droite se mettra en mouvement, en faisant par file à droite, pour marcher correctement derrière les deux files de droite du peloton de droite du demi-rang de gauche, par lesquelles il doit être entièrement couvert, & dont il doit toujours tenir le pas: les Chefs de peloton auront attention de marcher aussi correctement en file derrière le Bas-Officier de remplacement du même peloton de droite du demi-rang de gauche; & tous

Commandemens. *Manière d'exécuter:*

les serre-files qui, en faisant à gauche, ont dû se rapprocher du second rang, marcheront aussi correctement en file derrière la troisième file du même peloton.

Tous les commandemens ci-dessus doivent être faits & exécutés sans interruption, comme ci-contre, attendu que le demi-rang de droite doit suivre, par le flanc & sans intervalle, le demi-rang de gauche, qui continue toujours à marcher.

Demi rang de droite-obstacle-Par le flanc gauche-demi rang de droite-halte-à gauche-marche. . . . . ‡

Aussi-tôt que l'obstacle sera passé, le Chef du bataillon fera le commandement *ci-après.*

En ligne-marche. . . ‡

Au commandement, *marche*, tout le demi-rang de droite prendra le pas de manœuvre. Le serre-file de gauche, qui était en avant de l'homme du premier rang du peloton de gauche du demi-rang de droite, rentrera à sa place aussi-tôt que la première file du flanc gauche de ce demi-rang aura rentré en ligne; toutes les

Commandemens.	*Manière d'exécuter.*
	autres files rentreront à hauteur, & reprendront successivement le pas du demi-rang de gauche : le Porte-Drapeau & sa garde se portera en avant, dès que le peloton dont il fait partie sera rentré en ligne ; aussi-tôt le Chef du peloton de droite du demi-rang de gauche, qui était passé en avant pour marquer le pas, rentrera à son poste : chaque Chef de peloton, dans le demi-rang de droite, se replacera à la droite de son peloton, à mesure qu'il arrivera en ligne, & aura soin que chaque file de son peloton ait la tête tournée à gauche pour s'aligner sur le centre. Si l'obstacle se présente devant le demi-rang de gauche, le Chef du bataillon fera les commandemens *ci-après.*
Demi-rang de gauche-obstacle-Par le flanc droit-demi-rang de gauche-halte ╪	Au commandement, *halte*, tout le demi-rang de gauche s'ar-

Commandemens.	Manière d'exécuter.
	rêtera, & le demi-rang de droite continuera toujours à marcher de front.
A-droite... ╤	A ce commandement, tout le demi-rang de gauche fera à droite; les Chefs de peloton de ce demi-rang sortiront du rang, & se tiendront au côté gauche de leur Bas-Officier de remplacement, qui aura passé au premier rang.
Marche.... ╤	Au commandement, *marche*, tout le demi-rang de gauche suivra, par le flanc, les deux dernières files de gauche du demi-rang de droite; le Drapeau & sa garde continuera toujours à marcher en avant pour marquer le pas; les Chefs de peloton du demi-rang de gauche marcheront correctement en file derriere le serre-file de gauche du dernier peloton du demi-rang de droite, qui sera venu se placer à l'aîle gauche & au premier rang de ce dernier peloton.
	Les serre-files du demi-rang de

Commandemens.	*Manière d'exécuter.*
	de gauche marcheront en file derrière la troisième file de gauche du demi-rang de droite; l'obstacle étant passé, le Chef du bataillon fera le commandement *ci-après.*
En ligne-Marche. . . ╪	Au commandement, *marche*, tout le demi-rang de gauche prendra le pas de manœuvre : le serre-fille qui s'était placé à l'aîle gauche du demi-rang de droite, rentrera en serre-file, pour céder sa place au Chef du peloton de droite du demi-rang de gauche, qui rentrera en ligne; tous les autres pelotons du demi-rang de gauche rentreront successivement en ligne & par file, en reprenant le pas du demi-rang de droite & s'alignant sur le centre; les Chefs de pelotons & leurs remplacemens reprendront aussitôt leur poste.
	Si l'obstacle ne se présente que devant un ou plusieurs pelotons

Commandemens.	Manière d'exécuter.
Premier, deuxième ou *tel autre peloton-obstacle* ✝	de l'un des deux demi-rangs, le Chef du bataillon fera l'avertissement *ci-contre*, en ajoutant, *de Grenadiers* ou *de Chasseurs*, si ce sont des pelotons de l'une de ces deux Compagnies.
	Aussi-tôt chaque Chef du peloton désigné se portant deux pas en avant de son peloton, fera les commandemens *ci-après*, si toutefois chacun de ces pelotons fait partie du demi-rang de droite.
Par le flanc gauche peloton-halte.... ✝ *A gauche-marche*...... ✝	Lesdits pelotons s'arrêteront, marcheront ensuite par le flanc gauche, pour passer l'obstacle, de même qu'il a été dit pour tout le demi-rang de droite.
En ligne marche..... ✝	Ils rentreront aussi en ligne de la même manière, excepté qu'ils exécuteront tous ces mouvemens au *commandement particulier de leurs Chefs*, d'après l'avertissement du Chef de bataillon.
	Si, au contraire, les pelotons

Commandemens.	Manière d'exécuter.
	devant lesquels se présente l'obstacle, sont des pelotons du demi-rang de gauche, chaque Chef des pelotons désignés se portera deux pas en avant de son peloton, & fera aussi-tôt les commandemens *ci-après.*
Par le flanc droit-peloton-halte-à droite-marche.... †	Les pelotons du demi-rang de gauche s'arrêteront, marcheront ensuite par le flanc droit, comme il a été dit pour tout le demi-rang de gauche, pour passer l'obstacle.
En ligne-marche...... †	Ils rentreront aussi en ligne de la même manière; mais tous ces mouvemens s'exécuteront au *commandement particulier de chaque Chef de peloton* désigné par le Chef du bataillon.

Toutes les fois qu'un obstacle se trouvera vers le centre du Bataillon, l'on fera, autant qu'il se pourra, continuer à marcher de front le peloton du drapeau, lequel ne doit marcher par le flanc pour passer l'obstacle, que dans un cas indispensable.

ARTICLE VIII.

PASSAGE du défilé en avant par pelotons; & manière de faire face de trois côtés différens en sortans dudits défilé.

Commandemens.	*Manière d'exécuter.*
	LORSQU'EN marchant en bataille, il se présente un défilé qui peut contenir le front d'une division, le Chef arrête la ligne, puis il fait les commandemens *ci-après.*
Passage du défilé. Par pelotons de droite & de gauche... ‡ *Par pelotons à gauche & à droite.* ‡	A ce commandement, le Chef de chaque peloton se portera deux pas en avant du centre de son peloton.
Marche... ‡	Au commandement, *marche*; tous les pelotons de droite rompront par un mouvement de conversion à gauche, & tous les pelotons de gauche par un mou-

Commandemens. *Manière d'exécuter.*

vement de converſion à droite, à l'exception des deux pelotons qui doivent entrer les premiers dans le défilé, & former la tête des deux colonnes, leſquels ſe porteront en avant deux fois l'étendue de leur front, pendant le mouvement que font les autres. Tous les pelotons ſeront arrêtés par leurs Chefs, qui commanderont, *halte-alignement*, pour les pelotons qui auront rompu à gauche, & *halte à gauche-alignement*, pour ceux qui auront rompu à droite : les deux pelotons qui ſe ſont portés en avant s'aligneront l'un ſur l'autre, chacun d'eux auſſi au commandement *particulier* de leur Chef.

Colonne en avant-pas de manœuvre-marche ☩

Au commandement, *marche*, répété par chaque Chef de peloton, les deux pelotons de la tête entreront dans le défilé, & ſeront ſuivis par les deux co-

Commandemens. *Manière d'exécuter.*

lonnes, dont chaque peloton viendra tourner au commandement particulier de son Chef, sur le terrein d'où sont partis lesdits pelotons de la tête. Les Chefs des pelotons de la colonne de droite, commanderont, *tournez à-droite*, & les Chefs des pelotons de la colonne de gauche commanderont, *tournez à-gauche.*

A mesure que les pelotons seront réunis, leurs Chefs leur commanderont, *tête à-gauche*, dans la colonne de droite, & *tête à-droite*, dans la colonne de gauche; alors l'alignement sera sur le centre marqué par le Bas-Officier de remplacement des pelotons de la colonne de gauche: chaque Chef se tiendra deux pas en avant du centre de son peloton, & conservera exactement la distance d'un peloton du sien à celui qui le précède. Le flanc droit de chaque peloton, dans la colonne de droite, sera appuyé

Commandemens.	Manière d'exécuter.
	par le remplacement qui se sera avancé au premier rang; & le flanc gauche de chaque peloton dans la colonne de gauche, sera appuyé par le serre-file le plus près de la gauche.
	Si le défilé se rétrécit, l'on fera rompre les pelotons de chaque colonne par les commandemens *ci-après*.
En avant rompez les pelotons-marche.	A ce commandement, les sections extérieures de chaque colonne doubleront derrière les sections intérieures, en se conformant, pour les commandemens & l'exécution de ce mouvement, à ce qui a été dit au Titre 6, Article 8, du *passage du défilé que rencontre une colonne avec la droite ou la gauche en tête.* Les serre-files les plus près de la droite, dans les sections de la colonne de droite, appuieront le flanc droit de leurs sections, & les serre files les plus près de

la gauche, dans les sections de la colonne de gauche, appuieront le flanc gauche aussi des leurs.

Si le défilé se rétrécissait encore, les files de droite de la colonne de droite, & les files de gauche de la colonne de gauche, se conformeraient successivement & à proportion du défilé, à ce qui a été dit à l'Article 6 du *sixième Titre*.

Lorsque le défilé se rélargira, les files qui étaient restées en arrière rentreront à l'avertissement de leur Chef, en se conformant aussi à ce qui a été dit à l'Article 8 du *sixième Titre*, pour les files qui ont resté en arrière dans le *passage du défilé que rencontre une colonne*, avec cette *différence*, qu'*ici* les files extérieures de droite & de gauche prendront le pas de course pour rentrer dans leurs sections, qui continuent toujours à marcher le pas de manœuvre.

Commandemens.	Manière d'exécuter.
	Les sections étant reformées, l'on fera reformer aussi les pelotons de la manière suivante, dès que la possibilité s'en présentera.
Formez les pelotons-marche.	Au commandement, *marche*, répété seulement par le Chef de chaque section extérieure des deux colonnes, les pelotons se reformeront ainsi qu'il a été dit à l'Art. 8 du *sixième Titre*, avec cette différence, que les sections extérieures feront ce mouvement au pas de course ; que les serre-files qui appuyaient le flanc extérieur de droite & de gauche des sections intérieures de chaque colonne, rentreront à leur place de serre-file aussi-tôt que les pelotons commenceront à se reformer, & qu'au même instant le serre-file de droite de chaque section extérieure de la colonne de gauche, qui s'était placé entre les deux dites sections extérieures, pour marquer le centre des deux colonnes, reculera à sa

Commandemens.	Manière d'exécuter.
	place de ferre-file. Chacun étant à son poste, & le défilé étant passé, les deux colonnes pourront se reformer en bataille de trois manières différentes, comme il va être expliqué *ci-après.*

Ire SUPPOSITION.

SI les deux colonnes doivent se déployer en sortant du défilé, pour faire face en avant de leur front, elles serreront, *d'abord*, à distance de sections, & *ensuite* elles serreront en masse : le Chef de Bataillon fera faire *halte*, assi-tôt que les deux colonnes seront entièrement sorties du défilé ; le déploiement se fera de la manière suivante, & toujours sur le peloton de la tête de la colonne de droite, tel qu'il soit.

Commandemens.	Manière d'exécuter.
Sur le quatrième ou tel autre peloton, déployez la colonne – à droite & à gauche.	Chacun se conformera, pour l'exécution de tous ces mouvemens, à ce qui a été dit à l'Article 2 & à l'Article 3 du *huitième Titre.* Au commandement, *à droite & à gauche*, tous les pelotons

Commandemens.	*Manière d'exécuter.*
	de la colonne de droite feront à droite, excepté celui de la tête, & tous les pelotons de la colonne de gauche, excepté celui de la tête de cette colonne, feront à gauche.
Marche.... ✝	Au commandement, *marche*, chaque peloton se mettra en marche par le flanc, en se conformant, pour le reste du mouvement, suivant qu'il déployera par la droite ou par la gauche, à ce qui a été dit à l'Article 3 du Titre 8, pour faire un déployement sur une des divisions du centre de la colonne.

II SUPPOSITION.

SI les deux colonnes doivent se reformer en bataille, pour faire face à droite, de manière que la droite de la ligne appuie contre la sortie du défilé, le Chef du Bataillon fera les commandemens *ci-après*; en observant d'arrêter les deux colonnes à l'instant où le dernier peloton de la colonne de droite sortira dudit défilé; & *toutefois* après avoir envoyé les Chefs de pelotons de cette colonne à l'aîle droite de leurs pelotons,

Commandemens.	*Manière d'exécuter.*
Colonne de droite-Chefs de pelotons-à l'aîle droite...... ‡	A ce commandement, chaque Chef de peloton de la colonne de droite se portera à l'aîle droite de son peloton, pour rectifier l'alignement & la direction.
Colonne-halte ‡	Au commandement, *halte*, répété par chaque Chef de peloton, les deux colonnes s'arrêteront; les Chefs de peloton commanderont ensuite, *alignement*, dans la colonne de droite, & *à gauche-alignement*, dans la colonne de gauche.
Colonne de droite-à droite en bataille..... ‡	A ce commandement, les Chefs de peloton de la colonne de droite se porteront à l'aîle gauche de leurs pelotons.
Marche... ‡	Au commandement, *marche*, répété par chaque Chef des pelotons de la colonne de droite, tous ces pelotons se mettront à droite en bataille; chacun de ces pelotons sera arrêté par son Chef, qui commandera, *halte*, *à gau-*

Commandemens.	Manière d'exécuter.
	che-alignement, & restera à l'aîle gauche de son peloton.
	En même tems que la colonne de droite exécutera son mouvement, le Chef du bataillon fera, pour la colonne de gauche, les commandemens *ci-après*.
Colonne de gauche en avant-marche.... †	Au commandement, *marche*, qui sera répété par chaque Chef de peloton de la colonne de gauche, toute cette colonne prendra le pas ordinaire.
Sur la droite en bataille-Chefs de pelotons à l'aîle droite ‡	A ce commandement, chaque Chef, en se portant à l'aîle droite de son peloton, fera le commandement, *tête à droite*, commandera ensuite, *tournez à droite*, en se conformant successivement, pour se porter sur le nouvel alignement, à ce qui a été dit à l'Article 5 du *sixième Titre*.
	Aussi-tôt que les deux colonnes seront en bataille, & que l'alignement sera rectifié, le Chef du bataillon fera le commandement *ci-après*.

Commandemens.	*Manière d'exécuter.*
Tête à droite. ⸸	A ce commandement, chaque Chef qui était resté à la gauche du peloton, se portera à la droite, & chaque homme de ces pelotons tournera la tête à droite.

IIIe SUPPOSITION.

Si les deux colonnes doivent faire face à gauche en sortant du défilé, les Chefs de pelotons de la colonne de gauche seront envoyés, *d'abord*, à l'aile gauche de leurs pelotons, pour rectifier l'alignement & la direction ; la colonne de gauche se mettra ensuite à gauche en bataille ; en se conformant à ce qui a été dit à l'Article 2 du Titre 5, & la colonne de droite se mettra sur la gauche en bataille, en se conformant à ce qui a été dit à l'Article 6 du *septième* Titre.

ARTICLE IX.

PASSAGE du défilé en avant par files, divisé en trois suppositions.

Ire SUPPOSITION.

Si le défilé se trouve vis-à-vis le centre du Bataillon, le Chef fera les commandemens *ci-après.*

Commandemens.	*Manière d'exécuter.*
Par files en avant. Par la gauche du demi rang de droite-passez le défilé..... ‡	Le Chef du bataillon préviendra aussi-tôt les six files de gauche du demi-rang de droite, de continuer toujours à marcher de front pendant que les deux demi-rangs s'arrêteront pour marcher ensuite par le flanc.
Par le flanc gauche-demi-rang de droite-halte ‡	Au commandement, *halte*, le Porte-Drapeau & sa garde rentrera à son poste, & tout le demi-rang de droite s'arrêtera, excepté les six files de gauche de ce demi-rang, qui continueront toujours à marcher en avant.
A gauche... ‡	Au commandement, *à gauche*, le demi-rang de droite fera à gauche, à l'exception des six files qui marcheront toujours de front.
Marche... ‡	Au commandement, *marche*, le demi-rang de droite fera par file à droite, pour suivre les six files, qui continuent toujours à marcher de front. En même tems que ce mouvement s'exécutera dans le demi-rang de droite, le demi-rang de gauche fera con-

Commandemens.	*Manière d'exécuter.*
	duit par l'Aide-Major Européen; ou, à son défaut, par le premier Chef de division de ce demi-rang, qui feront, *l'un* ou *l'autre*, les commandemens *ci-après*.
Par le flanc droit-demi rang de gauche-halte †	Au commandement, *halte*, le demi-rang de gauche s'arrêtera tout entier.
A droite. . . . †	Au commandement, *à droite*, tout le demi-rang de gauche fera à droite.
Marche . . . †	Au commandement, *marche*, le demi-rang de gauche fera par file à gauche, & suivra la gauche des six files de gauche du demi-rang de droite, qui continueront toujours à marcher de front.
	Les deux demi-rangs passeront ainsi le défilé : les Chefs de peloton du demi-rang de droite marcheront au côté droit de leur Bas-Officier de remplacement.
	Si le bataillon doit se reformer, pour faire face en avant, après avoir passé le défilé, le Chef de

Commandemens.	Manière d'exécuter.
	du bataillon fera le commandement *ci-après*.
En ligne-marche . . . . ǂ	Au commandement, *marche*, chaque file des deux demi-rangs viendra successivement, & avec vitesse, se mettre en ligne, & prendra, en arrivant, le pas & l'alignement sur les six files, qui auront toujours continué à marcher de front; aussi-tôt le Porte-Drapeau & sa garde se portera en avant.
	Ce mouvement peut aussi s'exécuter de pied-ferme, en arrêtant lesdites six files en sortant du défilé.

OBSERVATION.

L'ORDONNANCE de 1776 ne parle point du passage du défilé en avant par files; ce mouvement est cependant représenté uniquement par le centre *sur la planche relative à ladite Ordonnance*, *Titre II*, *planche* 10; mais comme ladite planche en indique l'exécution pour deux Bataillons, & que le passage du défilé s'exécute par la gauche du premier, j'ai cru que n'ayant qu'un seul Bataillon, l'on ne pourroit mieux imiter ce mouvement qu'en l'exécutant par les six files de gauche du demi-rang de droite : j'ai cru aussi que l'on ne trouverait pas mauvais la proposition que je fais, de la manière prompte & avantageuse de faire face à droite ou à gauche en sortant du défilé, ainsi que de celle de passer le défilé en avant, par l'aîle droite ou par l'aîle gauche de la ligne dont *l'Ordonnance ni la planche ne font point mention.*

MANIÈRE de faire face à droite ou à gauche en sortant du défilé.

SI l'on doit faire face à droite, les deux demi-rangs continueront toujours à marcher par le flanc, en se prolongeant en avant jusqu'à ce qu'ils soient entièrement sortis du défilé, & ensuite le Chef du Bataillon fera les commandemens *ci-après.*

Commandemens.	*Manière d'exécuter.*
Demi-rang de droite-halte-front.... ‡	A ce commandement, tout le demi-rang de droite arrêtera, & chaque file fera à droite, pour se trouver face par le premier rang.
	Le Chef du bataillon, aussi-tôt après avoir fait au demi-rang de droite, le commandement *front,*

Commandemens.	Manière d'exécuter.
	fera, au demi-rang de gauche, les commandemens *suivans*.
Demi-rang de gauche-en ligne . . . ‡	Aussi-tôt le commandement, *en ligne*, le premier peloton du demi-rang de gauche fera, par file, à droite, ainsi que sa première file, pour se porter légèrement sur l'alignement du demi-rang de droite, déjà formé, & indiquer le mouvement à tout le demi-rang de gauche.
Marche. . . ‡	Au commandement, *marche*, chaque file du demi-rang de gauche rentrera successivement en ligne, de la même manière que le Chef du premier peloton & la première file de ce demi-rang.
	Si, au contraire, l'on doit faire face à gauche en sortant du défilé, le Chef du bataillon fera les commandemens ci-après, en observant de ne laisser aucun intervalle entre les commandemens du demi-rang de gauche & ceux du demi-rang de droite.

Commandemens.	Manière d'exécuter.
Demi-rang de gauche-halte-front..... ‡	A ce commandement, chaque file du demi-rang de gauche s'arrêtera & fera à gauche, pour se trouver face par le premier rang.
Demi-rang de droite-en ligne.... ‡	Aussi-tôt le commandement, *en ligne*, le serre-file le plus près de la gauche du demi-rang de droite aura attention que les deux premières files de gauche de ce demi-rang fassent, par file, à gauche, & se placent promptement sur l'alignement du demi-rang de gauche, déjà formé, afin d'indiquer le mouvement à tout le demi-rang de droite.
Marche.... ‡	Au commandement, *marche*, chaque file du demi-rang de droite rentrera successivement en ligne, de la même manière que les deux premières files de gauche de ce demi-rang.

IIe SUPPOSITION.

Si le défilé se trouve vis-à-vis l'aîle droite, le Chef du Bataillon fera les commandemens *ci-après.*

Commandemens.	*Manière d'exécuter.*
Par files en avant par l'aîle droite passez le defilé ✢	Il préviendra aussi-tôt les six premières files de droite de continuer toujours à marcher de front pendant le mouvement particulier que feront les autres.
Par le flanc droit Bataillon — halte . . . . ✢	Au commandement, *halte*, tout le bataillon s'arrêtera, excepté les six files de droite.
A droite. . . ✢	Au commandement, *à droite*, chaque file qui vient de faire *halte*, fera *à droite*.
Marche. . . . . ✢	Au commandement, *marche*, le bataillon se mettra en mouvement, en faisant par file, à gauche, & suivra, par le flanc, les six files de droite, qui continueront toujours à marcher de front.
	Si l'on doit faire face en avant en sortant du défilé, le bataillon se remettra en ligne à la gauche, & sur les six files de droite qui ont marché de front en passant le défilé, & qui s'arrêteront ou continueront à marcher, suivant

Commandemens.	*Manière d'exécuter.*
	le commandement qui leur en sera fait par le Chef du Bataillon.

IIIe SUPPOSITION.

Si l'on veut faire face à droite en sortant du défilé, l'on fera tourner à droite les six premières files qui marchent de front, avant de faire le commandement, *en ligne*.

Si, *au contraire*, l'on veut faire face à gauche, on laissera sortir du défilé jusqu'à la dernière file; l'on fera ensuite les commandemens, *halte-front*, lesquels seront exécutés, d'abord, par les files qui marchaient par le flanc: en même tems les six files de droite qui sont en tête, & qui marchaient par le front, feront par le flanc gauche, & se mettront aussi-tôt en ligne à la droite du Bataillon; alors chacun sera à son poste.

Commandemens.	*Manière d'exécuter.*
Par files en avant par l'aîle gauche passez le défilé. . . . ‡	Si le défilé se trouve vis-à-vis l'aîle gauche, le Chef du bataillon préviendra aussi-tôt les six premières files de la gauche du bataillon de continuer toujours à marcher de front, pendant le

Commandemens.	*Manière d'exécuter.*
	mouvement particulier que feront les autres.
Par le flanc gauche Bataillon-halte. . . . . ‡	Au commandement, *halte*, le bataillon s'arrêtera, excepté les six files de gauche.
A gauche. . . . ‡	Au commandement, *à gauche*, chaque file qui vient de faire *halte*, fera *à gauche*.
Marche. . . . . ‡	Au commandement, *marche*, le bataillon suivra, en faisant par file à droite, les six files de gauche, *qui continuent à marcher de front*. En sortant du défilé, le bataillon pourra se mettre en ligne à la droite, & sur les six files de gauche, qui continueront à marcher de front, ou s'arrêteront, suivant le commandement qui en sera fait.

L'on pourra aussi faire face à droite ou à gauche, après avoir passé le défilé par l'aîle gauche, en observant l'invers des moyens indiqués à la 2e Supposition du présent Article.

Commandemens.	Manière d'exécuter.
	Si, en sortant du défilé où l'on est entré par files & par l'aîle droite, ou par l'aîle gauche, on doit se former en colonne, le Chef du bataillon fera les commandemens *ci-après.*
Dans chaque peloton en ligne.	A ce commandement, le Chef du peloton de la tête commandera, *en ligne-marche*, à son peloton, & tous les autres Chefs du peloton feront successivement les mêmes commandemens, à mesure que leurs pelotons sortiront du défilé : alors, si l'aîle droite se trouve en tête, chaque peloton rentrera en ligne à gauche, & sur sa première file de droite.
	Si, au contraire, c'est la gauche qui se trouve en tête, chaque peloton rentrera en ligne à droite, & sur sa première file gauche. Aussi-tôt que les pelotons seront reformés, l'on observera l'ordre prescrit pour la marche des colonnes, Titre 6.

ARTICLE X.

DE la Marche en retraite.

Commandemens.	Manière d'exécuter.
	LORSQUE le Chef du bataillon voudra faire marcher en retraite, c'est-à-dire, par le dernier rang, il fera les commandemens *ci-après.*
Bataillon-demi tour-à-droite ╪	Les serre-files exécuteront le demi-tour à droite, ainsi que toute la troupe, & resteront deux pas en avant du second rang, devenu le premier.
Bataillon-en avant. . . ╪	A ce commandement, les quatre Bas-Officiers de la garde du drapeau, placés au second rang, devenu le premier, se porteront à quatre pas en avant des serre-files; le serre-file qui se trouve devant eux appuiera à droite ou à gauche, pour laisser passer ces quatre Bas-Officiers, qui seront remplacés au second rang, devenu le premier, par le Porte-drapeau, & le premier rang de sa garde: en même-tems le Bas-

Commandemens.	Manière d'exécuter.
	Officier de remplacement de chaque peloton s'avancera sur l'alignement des serre-files, pour que le Chef du peloton puisse se placer au second rang, devenu le premier.
Marche. . . . . ǂ	Au commandement, *marche*, chacun prendra le pas indiqué, en portant la tête vers le centre, & les mêmes règles seront observées pour la direction du bataillon, que si l'on marchait par le premier rang.

ARTICLE XI.

PASSAGE de l'obstacle en marchant en retraite.

LE passage d'obstacle en marchant en retraite s'exécutera, ainsi qu'il a été dit dans la marche, par le premier rang, Titre 9, Article 7, *excepté* que les pelotons du demi-rang de droite, ou le demi-rang de droite tout entier, passeront l'obstacle par le flanc droit, & que les pelotons du demi-rang de gauche, ou le demi-rang de gauche tout entier, passeront par le flanc gauche; le demi-rang de droite devant toujours continuer à être appellé ainsi, quoiqu'il se trouve alors à la gauche de la ligne; & le demi-rang de gauche devant aussi ne pas cesser d'être appellé demi-rang de gauche, attendu que le *demi-tour à droite* ne peut rien changer à la formation, & que les Grenadiers ne prennent point le nom ni la place des Chasseurs, de même que les Chasseurs ne prennent pas non plus le nom ni la place des Grenadiers.

ARTICLE XII.

PASSAGE du défilé en retraite par files, divisé en trois Suppositions.

SI, en marchant en retraite, on doit passer un défilé, & que ce défilé se trouve vis-à-vis les deux pelotons du centre, toute la ligne arrêtera, & fera face à l'ennemi par un *demi-tour à droite*, au commandement du Chef du Bataillon, qui, indépendamment des commandemens nécessaires à l'exécution de son mouvement, pourra aussi faire exécuter le feu de file afin de le protéger.

Commandemens.	*Manière d'exécuter.*
Par files en arrière par l'aîle droite & par l'aîle gauche passez le défilé. . . . . . =	A ce commandement le premier peloton de l'aîle droite fera par le flanc droit, & par file à droite, au commandement *particulier* de son Chef, pour longer à six pas derrière le bataillon,

Commandemens.	Manière d'exécuter.
	en se retirant vers le défilé : en même-tems le Chef du peloton de l'aîle gauche fera faire par le flanc gauche, & par file à gauche à son peloton, pour longer aussi à six pas derrière le bataillon, en se retirant vers le défilé.
	Les Chefs des autres pelotons de l'aîle droite & de l'aîle gauche, lorsqu'il ne restera plus que trois files à se retirer du peloton qui doit les précéder, commanderont, *à droite*, si ce sont des pelotons de l'aîle droite, & *à gauche*, si ce sont des pelotons de l'aîle gauche : chaque file suivra aussi-tôt, sans autre commandement, en tournant sur son terrein le mouvement du peloton qui les précède ; bien entendu que le feu sera toujours continué par les pelotons, qui restent de front, & ne cessera successivement, dans les pelotons qui se retirent, qu'à mesure que chaque file fera son mouvement en arrière.

Commandemens.	*Manière d'exécuter.*
	Les deux pelotons des aîles viendront à la rencontre l'un de l'autre, pour se réunir vis-à-vis le défilé; ils y entreront en faisant celui de l'aîle droite par file à gauche, & celui de l'aîle gauche par file à droite, & seront suivis successivement par les pelotons du demi-rang dont ils sont partie. Les deux demi-rangs passeront ainsi le défilé en marchant par le flanc.
	Lorsqu'il ne restera plus que les deux pelotons du centre à se retirer, ils pourront faire, chacun au commandement *particulier* de leur Chef, une décharge de tout leur front. Pour cesser le feu, ou continuer même à tirer par files en se retirant, si le cas paraît l'exiger, ils suivront par le flanc, & le plus en ordre possible, chacun l'aîle ou demi-rang dont ils sont partie.
	A mesure que la première file de chaque peloton sortira du dé-

Commandemens. *Manière d'exécuter.*

filé, les Chefs desdits pelotons commanderont, *en ligne-marche;* & lorsque les pelotons seront en ligne, ils commanderont, *tournez à gauche*, si ce sont des pelotons de l'aile droite, en se portant à la gauche de leur peloton, pour se prolonger sur la nouvelle ligne, & *tournez à droite*, si ce sont des pelotons de l'aîle gauche, en se plaçant à la droite de leur peloton, pour se prolonger aussi sur la nouvelle ligne, du côté opposé aux pelotons de l'aile droite.

Lorsque la tête de chaque aîle sera arrivée au point où doivent appuyer la droite & la gauche de la ligne, & que les deux pelotons du centre auront tournés, celui de l'aîle droite, *à gauche*, & celui de l'aîle gauche, *à droite*, le Chef du bataillon fera les commandemens *ci-après.*

Colonne-halte. A ce commandement, répété généralement par chaque Chef

Commandemens.	*Manière d'exécuter.*
	de peloton, les deux aîles ou demi-rangs qui forment chacune une colonne, s'arrêteront & s'aligneront suivant qu'elles auront la droite ou la gauche en tête; ensuite on fera exécuter la contremarche aux pelotons d'une des deux aîles, afin qu'ils se trouvent tous sur une même colonne, & ayant la droite ou la gauche dans la même direction. Si le Chef du bataillon veut avoir la droite en tête, il *commandera* :
Pelotons de l'aîle gauche-contre-marche.... ∓	Aussi-tôt chaque Chef de peloton de l'aîle gauche commandera, *à droite-marche*, & fera exécuter le reste de ce mouvement, comme il a été dit à l'Article 6 du *huitième* Titre.
A gauche en bataille-marche ∓	Tous les pelotons se mettront à gauche en bataille, pour faire face au défilé, en se conformant à ce qui a été dit à l'Article 2 du *cinquième* Titre.
	Si, au contraire, les pelotons de l'aîle droite exécutaient la

Commandemens.	Manière d'exécuter.
	contremarche, la colonne se mettrait à droite en bataille, & ferait également face au défilé.

IIe SUPPOSITION.

Si, en marchant en retraite, le défilé se trouve vis-à-vis l'aîle droite, le Chef du Bataillon, après avoir arrêté sa ligne, & lui avoir fait exécuter le *demi-tour à droite*, pour faire face à l'ennemi par le premier rang, fera les commandemens *ci-après.*

Commandemens.	Manière d'exécuter.
Par files en arrière par l'aîle gauche passez le défilé . . . ✝	A ce commandement, le Chef du peloton de l'aîle gauche fera faire à gauche à son peloton, & le conduira par file à gauche, pour longer à six pas derrière, & jusques vers la droite du bataillon; il entrera ensuite dans le défilé, en faisant par file à droite. Tous les autres pelotons se conformeront successivement, pour se retirer à ce qui a été dit pour les pelotons de l'aîle gauche, dans la 1ere *Supposition* du présent Article.

A

Commandemens.	Manière d'exécuter.
	A mesure que la première file de chaque peloton sortira du défilé, le Chef du peloton commandera, *en ligne marche*; & lorsqu'il sera arrivé sur la nouvelle ligne de direction, il commandera *tournez à droite*, en se plaçant à l'aile droite de son peloton.
	Lorsque le premier peloton de l'aile gauche sera arrivé au point où doit appuyer la gauche de la ligne, & que le peloton de l'aile droite sera sorti du défilé, le Chef du Bataillon *commandera*.
Colonne-halte ╪	A ce commandement, répété par chaque Chef de peloton, toute la colonne s'arrêtera, & chaque Chef de peloton fera le commandement, *alignement*, pour aligner son peloton à droite.
A droite en bataille-marche ╪	Les pelotons se mettront à droite en bataille, pour faire face au défilé, en se conformant à ce qui a été dit à l'Article 4 du *cinquième Titre*.

IIIe SUPPOSITION.

Si, *au contraire*, le défilé se trouve vis-à-vis l'aîle gauche, le Chef du Bataillon, après avoir arrêté la ligne, & lui avoir fait faire *demi-tour à droite*, pour faire face à l'ennemi par le premier rang, fera les commandemens *ci-après*.

Commandemens.	*Manière d'exécuter.*
Par files en arrière par l'aîle droite passez le défilé. . . ǂ	Le Chef du peloton de l'aîle droite commandera aussi-tôt, *à droite-marche*, à son peloton, & le conduira par file à droite, pour longer à six pas derrière, & jusques vers la gauche du bataillon; il entrera ensuite dans le défilé, en faisant par file à gauche.
	Tous les autres pelotons se conformeront successivement, pour se retirer à ce qui a été dit pour les pelotons de l'aîle droite, dans la 1re Supposition du présent Article.
	A mesure que la première file de chaque peloton sortira du défilé, le Chef du peloton commandera, *en ligne-marche*; & lorsqu'il sera arrivé sur la nouvelle

Commandemens.	Manière d'exécuter.
	ligne de direction, il commandera, *tournez à gauche*, en se plaçant à l'aile gauche de son peloton.
	Lorsque le peloton de l'aîle droite sera arrivé au point où doit appuyer la droite de la ligne, & que le peloton de l'aile gauche sera sorti du défilé, le Chef du bataillon fera les commandemens
Colonne-halte ✝ *A gauche en bataille-marche* ✝	*ci-contre*, pour arrêter la colonne, la mettre à gauche en bataille, & faire face au défilé.

ARTICLE XIII.

PASSAGE du défilé en retraite par pelotons.

Si le défilé peut contenir le front d'une division, le Chef du Bataillon, après avoir arrêté la ligne, & lui avoir fait exécuter le *demi-tour à droite*, pour faire face à l'ennemi par le premier rang, fera les commandemens *ci-après*.

Commandemens.	Manière d'exécuter.
Par pelotons en arrière - par l'aîle droite & par l'aîle gauche passez le défilé. .... ✝	Aussi-tôt le Chef du peloton de l'aîle gauche fera faire *à droite* à son peloton, & le conduira par file à droite, en longeant à six

Commandemens.	Manière d'exécuter.
	pas derrière, & jusques vers la gauche du bataillon où se trouve le défilé; en même-tems le Chef du peloton de l'aîle gauche fera faire *à gauche* à son peloton, & le conduira par file à gauche, pour longer aussi à six pas derrière, & jusques vers le centre du bataillon où se trouve le défilé : chaque peloton suivra successivement le mouvement de l'aîle dont il fait partie.
	Le premier peloton de l'aîle droite, & celui de l'aîle gauche, marcheront ainsi à la rencontre l'un de l'autre : lorsqu'ils seront réunis vis-à-vis le défilé, chaque Chef de ces pelotons fera le commandement, *halte-front-marche;* ces deux pelotons entreront ainsi de front & à hauteur l'un de l'autre, dans le défilé; tous les autres pelotons viendront successivement se réunir, dans le même ordre, sur le même terrein où se sont réunis les deux premiers.

Commandemens.	*Manière d'exécuter.*
	Les deux colonnes passeront ainsi le défilé, en se conformant à ce qui a été dit à l'Article 8 du *neuvième Titre*, en supposant que le défilé devienne plus étroit.
	Les deux colonnes étant sorties du défilé, le Chef du bataillon fera les commandemens *ci-après*, pour faire face au défilé.
Colonne-halte ⚋	A ce commandement, les deux colonnes s'arrêteront, & chaque peloton s'alignera au commandement de son Chef, suivant que la colonne dont il fait partie aura la droite ou la gauche en tête.
Dans chaque peloton contre-marche. . . ⚋	Chaque peloton exécutera la contre-marche de la manière indiquée à l'Article 6 du Titre 8. Les deux colonnes faisant face au défilé par leur premier rang, le Chef du bataillon fera serrer à distance de sections, & ensuite fera serrer en masse ; & en supposant que le défilé se soit trouvé vis-à-vis le 4e & 5e peloton, de même qu'il eût pu se trouver vis-

Commandemens.	*Manière d'exécuter.*
	à-vis tout autre, il fera les commandement *ci-après.*
Sur le quatrième & cinquième peloton – déployez la colonne. . . ǂ	A ce commandement, le Chef de chacun de ces pelotons, qui forment chacun la tête de leur colonne, commandera, *à gauche-alignement*, en se portant à la gauche de son peloton.
A droite – & à gauche. . . ǂ	A ce commandement, tous les pelotons de la colonne de droite, excepté celui de la tête, feront *à droite*; & tous les pelotons de la colonne de gauche, excepté aussi celui de la tête, feront *à gauche.*
Marche. . . . . ǂ	A ce commandement, la colonne de droite se déployera par sa droite, tandis que celle de gauche se déployera par sa gauche : les deux colonnes se conformeront, pour tout le déploiement, à ce qui a été dit à l'Article 3 du *huitième Titre.*

TITRE DIXIEME.

Du passage des lignes.

ARTICLE PREMIER.

PASSAGE des lignes, & formation d'un Bataillon de seconde ligne, devant livrer passage à la première.

LA première ligne se trouvant dans le cas de recourir à l'appui de la seconde, fera *demi-tour à droite*, marchera par son second rang, & dans le plus grand ordre possible, à la rencontre de la seconde ligne, qui se repliera sur elle-même de la manière suivante.

Commandemens.	*Manière d'exécuter.*
Par pelotons de droite & de gauche sur le centre en colonne. ✝	A ce commandement, chaque Chef se portera en avant, excepté le Chef du peloton de gauche du demi-rang de droite, & le Chef du peloton de droite du demi-rang de gauche, qui commanderont aussi-tôt, *à gauche*

Commandemens. *Manière d'exécuter.*

alignement, celui du peloton du demi-rang de droite, & *alignement*, celui du peloton du demi-rang de gauche, lesquels pelotons devant s'aligner l'un sur l'autre, & former la tête des deux colonnes.

A gauche - & à droite. . . . ‡ A ce commandement, tous les pelotons du demi-rang de droite feront à gauche, *excepté* celui de la gauche de ce demi-rang; & tous les pelotons du demi-rang de gauche, *excepté* celui de la droite de ce demi-rang, feront à droite. Les deux pelotons du centre, qui doivent former la tête des deux colonnes, ne bougeront point; mais le Chef du peloton de gauche *seulement*, se portera à l'aîle gauche du premier rang de son peloton, & sera remplacé, au premier rang & à la droite, par son Bas-Officier de remplacement, qui marquera le centre & l'alignement des deux colonnes. Les Chefs des pelotons

Commandemens. *Manière d'exécuter.*

qui auront fait à gauche, & ceux des pelotons qui auront fait à droite, se placeront aussi-tôt à côté de leur première file, qu'ils feront déboîter en arrière de l'épaisseur des deux rangs.

Marche. . . . ǂ Au commandement, *marche*, qui ne sera point répété, tous les pelotons qui ont fait à gauche, & tous ceux qui ont fait à droite, marcheront à la rencontre l'un de l'autre pour se réunir à distance de sections, chacun derrière le peloton du demi-rang dont il fait partie, & par lequel il doit être précédé dans la colonne.

Chaque peloton sera arrêté par son Chef, qui commandera, *halte-front-à gauche-alignement*, dans les pelotons du demi-rang de droite, & *halte-front-alignement*, dans les pelotons du demi-rang de gauche: chaque Chef se placera sur le flanc extérieur de son peloton, aussi-tôt

Commandemens.	*Manière d'exécuter.*
	après l'avoir aligné, & le centre des deux pelotons réunis, depuis la tête jusqu'à la queue de la colonne, sera marqué, ainsi que l'alignement, par le Bas-Officier de remplacement de chaque peloton de la colonne de gauche. Les Tambours se porteront derrière la queue des deux colonnes.
	Les deux colonnes étant ainsi formées, feront sous le *seul* commandement du Chef du bataillon; chaque Chef fera seulement *à demi-voix*, les commandemens de détails nécessaires au mouvement particulier de sa subdivision.
	Si l'on est obligé de livrer un plus grand intervalle pour le passage de la première ligne, on formera la colonne par subdivision.

ARTICLE II.

COLONNE *se formant par sections de pied ferme.*

Commandemens.	*Manière d'exécuter.*
Colonne par sections . . . . ‡	A ce commandement, tous les serre-files serreront par le second rang de leur peloton.

Commandemens.	Manière d'exécuter.
Sections extérieures-à gauche & à droite ✝	A ce commandement, toutes les sections extérieures de la colonne de droite feront *à gauche*, & toutes les sections de la colonne de gauche feront *à droite*, en se conformant, pour se déboîter en arrière des sections, à ce qui a été dit pour les pelotons.
Marche... ✝	A ce commandement, toutes les sections extérieures seront conduites à la rencontre l'une de l'autre, chacune par le Chef du peloton dont elles sont partie, lequel commandera, *halte-front-à gauche-alignement*, pour les sections des pelotons de droite, & *halte-front-alignement*, pour les sections des pelotons de gauche. Le serre-file de droite de ces dernières sections de gauche se placera entre les deux sections pour en marquer le centre & l'alignement; tous les autres serre-files resteront à leur poste de bataille, *excepté* celui de chaque

Commandemens.	Manière d'exécuter.
	section extérieure de gauche, lequel appuiera le flanc gauche de sa section, qui vient de doubler, tandis que le Bas-Officier de remplacement de chaque section extérieure de droite appuiera le flanc droite de la sienne, qui vient aussi de doubler.
	Le Chef de chaque peloton viendra se placer sur le flanc extérieur de la section intérieure, aussi-tôt que la section extérieure qu'il a conduit sera formée & alignée.
	La première ligne étant passée, la colonne du bataillon de seconde ligne pourra se reformer par pelotons.

ARTICLE III.

COLONNE se reformant par pelotons de pied ferme.

Commandemens.	Manière d'exécuter.
Colonne par pelotons-sections doublées - à droite-& à gauche . . . . ╪	A ce commandement, les sections extérieures du demi-rang de droite, qui ont doublé derrière les sections intérieures de

Commandemens.	*Manière d'exécuter.*
	leur demi-rang, feront *à droite*, & les sections extérieures du demi-rang de gauche, qui ont doublé aussi derrière les sections intérieures de leur demi-rang, feront *à gauche*.
Marche.... ∓	Au commandement, *marche*, les sections doublées marcheront un nombre de pas égal à l'étendue de leur front, & seront arrêtées chacune par le Chef de leur peloton, qui se sera prolongé en même-tems qu'elles, pour reprendre sa place au flanc extérieur, en leur commandant, *halte-front-à gauche-alignement*, pour les sections extérieures des pelotons de droite, & *halte-front-alignement*, pour les sections extérieures des pelotons de gauche; alors chaque Bas-Officier de remplacement, & serre-file qui s'était déplacé au premier mouvement des sections extérieures, rentrera à son poste de bataille.

Commandemens.	*Manière d'exécuter.*
	La colonne pourra aussi exécuter ces mêmes mouvemens en marchant.

ARTICLE IV.

COLONNE *se formant par sections en marchant.*

Commandemens.	*Manière d'exécuter.*
Colonne par sections . . . . ╪	A ce commandement, les serre-files de chaque peloton serreront sur le second rang.
Sections extérieures - marche. . . . . ╪	Au commandement, *marche*, les sections extérieures doubleront derrière les sections intérieures, en obliquant, celles des pelotons de droite à gauche, & celles des pelotons de gauche à droite, & en se conformant à ce qui a été dit pour le passage du défilé que rencontre une colonne avec la droite ou la gauche en tête; Article 8 du *sixième* Titre.
	Les Chefs de pelotons, leurs remplacemens, & les serre-files, se porteront aux mêmes places qui leur ont été indiquées, en formant la colonne par sections

Commandemens.	*Manière d'exécuter.*
	de pied-ferme; Article 2 du présent Titre.

ARTICLE V.

COLONNE *se reformant par pelotons en marchant*

Commandemens.	*Maniere d'exécuter.*
Colonne par pelotons-sections doublées-marche . . . . . ‡	A ce commandement, les sections doublées du demi-rang de droite marcheront obliquement à droite, & les sections doublées du demi-rang de gauche marcheront obliquement à gauche; en même-tems le Chef de chaque peloton, dont lesdites sections font partie, se prolongera pour gagner le flanc extérieur de sa section doublée, & lui commandera, *en avant*, lorsqu'elle sera presque démasquée, & *marche*, lorsqu'elle le sera tout-à-fait; il la conduira légèrement sur l'alignement de la section intérieure de son peloton, dont elle prendra aussi-tôt le pas; alors chaque remplacement & serre-file qui

Commandemens.	Manière d'exécuter.
	s'était déplacé au premier mouvement des sections extérieures, rentrera à son poste de bataille.

ARTICLE VI.

DÉPLOYEMENT de la Colonne en faisant feu des deux pelotons de la tête.

Commandemens.	*Manière d'exécuter.*
	LORSQUE la colonne devra se déployer, elle serrera en masse, sans qu'aucun Chef de subdivision répète les commandemens; la colonne se déployera ensuite par les commandemens *ci-après*, & le Chef du bataillon, après avoir commandé, *à droite & à gauche*, fera l'avertissement *l'on fera le feu de file en déployant.*
Sur le centre deployez la colonne. . . . ‡	A ce commandement, le Chef du peloton de la tête de la colonne de gauche se placera à la droite de son peloton, & le Chef du peloton de la tête de la colonne de droite fera au sien le commandement,

Commandemens.	*Manière d'exécuter.*
	commandement, *à droite-alignement.*
A droite-& à gauche.... ✝	A ce commandement, tous les pelotons de droite feront *à droite*, & tous les pelotons de gauche feront *à gauche*, *excepté* les deux pelotons formant la tête des deux colonnes, qui n'auront point à bouger.
Marche..... ✝	Au commandement, *marche*, les deux colonnes se déployeront; celle de droite toute entière par sa droite, & celle de gauche toute entière par sa gauche, en se conformant l'une & l'autre à ce qui a été dit pour le déployement des deux colonnes, après avoir passé le défilé *par les deux pelotons du centre.* Art. 8, Titre 9.
	Le feu de file commencera par les deux pelotons de la tête, sur lesquels se forme le déployement; & à mesure que chaque peloton arrivera sur l'alignement desdits pelotons de la tête, son

Commandemens.	*Manière d'exécuter.*
	Chef, après l'avoir aligné, lui fera le commandement, *feu de file*, en se portant à la droite dudit peloton; puis, en se reculant à la place qu'il doit occuper dans les feux, il commandera, *peloton-arme-commencez le feu.* L'on fera ensuite cesser le feu de la manière indiquée à l'Art. 4 du *troisième* Titre.

ARTICLE VII.

COLONNE marchant par le flanc droit, ou par le flanc gauche.

Commandemens.	*Manière d'exécuter.*
Par le flanc droit-colonne-halte ‡	Au commandement, *halte*, toute la colonne s'arrêtera.
A droite..... ‡	Au commandement, *à droite*, tous les pelotons de la colonne feront à droite, & les Chefs de peloton se placeront au coté gauche de leur première file.
Marche...... ‡	Au commandement, *marche*, le flanc droit de chaque peloton, devenu premier rang, s'alignera à gauche; tous les pelotons se

Commandemens.	*Manière d'exécuter.*
	rapprocheront de ceux de la tête, en marchant obliquement à gauche, au même pas que marchait la colonne avant de s'arrêter, à moins qu'on n'en eut indiqué un autre, & jusqu'à ce que le premier rang de chaque peloton soit à deux pas du second rang du peloton qu'il précéde; si au contraire la colonne, étant par le front, doit marcher par le flanc gauche, le Chef du Bataillon fera les commandemens *ci-après.*
Par le flanc gauche colonne-halte . . . . ǂ	Au commandement, *halte*, toute la colonne s'arrêtera; au commandement, *à gauche*, le Chef de chaque peloton se placera au côté droit de sa première file, en même tems que son peloton fera à gauche.
Marche. . . . . ǂ	Au commandement, *marche*, le flanc gauche de chaque peloton, devenu premier rang, s'alignera à droite; tous les pelotons se rapprocheront de ceux de la tête, en marchant obliquement

Commandemens.	Manière d'exécuter.
	à droite, au même pas que marchait la colonne avant de s'arrêter, à moins qu'on n'en ait indiqué un autre, & jusqu'à ce que le premier rang de chaque peloton soit à deux pas du second rang de celui qui le précéde.

ARTICLE VIII.

COLONNE marchant de front après avoir marché par le flanc, & rétablissant ses distances.

Commandemens.	Manière d'exécuter.
Colonne-halte. ⚍	A ce commandement, toute la colonne s'arrêtera.
Front. . . . . ⚍	A ce commandement, tous les pelotons feront face par le premier rang.
Marche. . . . . ⚍	Au commandement, *marche*, la colonne reprendra le même pas qu'elle marchait par le flanc, & chaque peloton s'alignera sur le centre des deux colonnes marquées par le Bas-Officier de remplacement des pelotons de la colonne de gauche.

Commandemens.	*Manière d'exécuter.*
	Si la colonne, au lieu de se déployer, doit continuer à marcher en avant, le Chef du Bataillon rétablira la colonne, avec distance de section seulement, par les commandemens *ci-après.*
Colonne avec distance-marche ✝	Au commandement, *marche*, les deux pelotons de la tête, c'est-à-dire, le premier de chaque colonne, continueront toujours à marcher ; les deux pelotons d'ensuite rétabliront leur distance de section, en marchant le petit pas ; tous les autres marqueront le pas jusqu'à ce que la distance de section soit rétablie entre eux, & cette attention aura lieu successivement depuis la tête jusqu'à la queue de la colonne.

TITRE ONZIEME.

Des changemens de position & mouvemens de centre.

ARTICLE PREMIER.

PRINCIPES généraux des différens changemens de position, la nouvelle direction tombant à l'extrémité de la droite ou de la gauche de la ligne.

TOUTES les fois qu'une nouvelle ligne de direction tombera précisément à l'extrémité de la droite, & que l'on voudra faire face de ce côté, la droite appuyant au même point, toute la ligne rompue à droite se mettra en bataille sur le peloton de la tête.

Si, au contraire, l'on doit faire à gauche, la droite appuyant toujours au même point, comme ci-dessus, le peloton de droite exécutera le premier son mouvement par les moyens qui seront indiqués *au changement de position*, en rompant & manœuvrant par la droite pour faire face à gauche, Article 3 du présent Titre; ensuite tout le reste de la ligne rompra à droite, & se mettra en bataille sur ledit peloton de droite.

Lorſque la nouvelle ligne tombera à l'extrémité de la gauche, & que l'on devra faire face de ce même côté, la gauche appuyant au même point, toute la ligne rompra à gauche, & ſe mettra en bataille ſur le peloton de la tête.

Si, au contraire, l'on doit faire face à droite, la gauche appuyant toujours au même point comme ci-deſſus, le peloton de gauche exécutera le premier ſon mouvement par les moyens qui ſeront indiqués *au changement de poſition*, en rompant & manœuvrant par la gauche pour faire face à droite, Article 5 du préſent Titre; enſuite le reſte de la ligne rompra, & ſe mettra en bataille ſur ledit peloton de gauche.

ARTICLE II.

CHANGEMENT de poſition en rompant & manœuvrant par la droite pour faire face à droite.

Commandemens.	*Manière d'exécuter.*
Changement de poſition à droite-face à droite ǂ	
Par pelotons à droite — marche. . . . . ǂ	LA ligne rompra à droite par pelotons, de la manière indiquée à l'Article premier du *cinquième* Titre.

Commandemens.	Manière d'exécuter.
Sur le peloton de la tête-en bataille. . . . ǂ	Le Chef du peloton de la tête fera aussi-tôt le commandement, *à droite-alignement*, en se plaçant à la droite de son peloton.
Par le flanc gauche-derniers pelotons-à gauche. . . . . ǂ *Marche.* . . . . ǂ	Le commandement, *à gauche*, & le commandement, *marche*, seront répétés par tous les Chefs de peloton, excepté par celui du peloton de la tête, qui ne bougera point pendant le mouvement que feront les autres. Ces pelotons marcheront par le flanc gauche, & se mettront successivement à gauche en bataille, à mesure qu'ils arriveront sur la nouvelle ligne, en se conformant à ce qui a été dit pour les derniers pelotons d'une colonne arrivant la droite en tête, *par derriere la nouvelle ligne de direction*, Article 1er, Titre 7.

ARTICLE III.

CHANGEMENT de position en rompant & manœuvrant par la droite, pour faire face à gauche.

Commandemens.	*Manière d'exécuter.*
Changement de position à droite-face-à gauche ‡	A ce commandement, le Chef du peloton de droite fera faire un à gauche au premier homme de droite de son peloton; il commandera ensuite, *en arrière & à droite-alignement*, pour que son peloton se trouve face à gauche, & se placera à la droite dudit peloton, qui n'aura plus à bouger pendant le mouvement que feront les autres.
Par pelotons à droite-marche ‡	Le reste de la ligne rompra à droite par peloton, de la manière indiquée à l'Article 1er, Titre 5.
En arrière en bataille. . . . ‡	
Par le flanc droit derniers pelotons-à droite ‡	Le commandement, *à droite*,
Marche. . . . . ‡	& le commandement, *marche*, seront répétés par tous les Chefs

Commandemens.	Manière d'exécuter.
	de peloton, excepté par celui du peloton de la tête, qui, se trouvant face aux autres, n'aura point à bouger pendant le mouvement qu'ils feront pour venir se porter sur son alignement.
	Lesdits pelotons marcheront par le flanc droit, & se mettront successivement à gauche en bataille, à mesure qu'ils arriveront sur la nouvelle ligne, en se conformant à ce qui a été dit pour les derniers pelotons d'une colonne, la droite en tête, *par devant la nouvelle ligne de direction*, Article 2, Titre 7.

ARTICLE IV.

CHANGEMENT de position en rompant & manœuvrant par la gauche, pour faire face à gauche.

Commandemens.	Manière d'exécuter.
Changement de position à gauche-face à gauche ‡	
Par pelotons à gauche - marche....... ‡	Ce commandement sera exécuté ainsi qu'il a été dit dans la

Commandemens.	Manière d'exécuter.
	manière de rompre à gauche, Article 3, Titre 5.
Sur le peloton de la tête-en bataille.... ǂ	Le Chef du peloton de la tête commandera aussi-tôt, *à gauche-alignement*, en se portant à la gauche de son peloton.
Par le flanc droit-derniers pelotons à droite ǂ *Marche.....* ǂ	Le commandement, *à droite*, & le commandement, *marche*, seront répétés par tous les Chefs de pelotons, excepté par celui du peloton de la tête, qui ne bougera point pendant tout le mouvement que feront les autres ; ces pelotons marcheront par le flanc droit, & se mettront successivement à droite en bataille, à mesure qu'ils arriveront sur la nouvelle ligne, en se conformant à ce qui a été dit pour les derniers pelotons d'une colonne arrivant, la gauche en tête, *par derrière la nouvelle ligne de direction*, Article 3, Titre 7.

Commandemens.	Manière d'exécuter.
Tête-à droite ǂ	Lorsque toute la ligne sera en bataille, le Chef du bataillon fera le commandement, *tête-à-droite*, pour faire porter à droite les têtes, ainsi que les Chefs de peloton, qui, par la nature du mouvement, étaient restés à gauche.

ARTICLE V.

CHANGEMENT de position en rompant & manœuvrant par la gauche, pour faire face à droite.

Commandemens.	Manière d'exécuter.
Changement de position à gauche-face à droite . . . ǂ	A ce commandement, le Chef du peloton de gauche, fera faire un à droite au premier homme de gauche de son peloton; il commandera ensuite, *en arrière & à gauche-alignement*, pour que son peloton se trouve face à droite, & se placera à la gauche dudit peloton qui n'aura plus à bouger pendant tout le mouvement que feront les autres.
Par pelotons à gauche-marche . . . . . . ǂ	Le reste de la ligne rompra à gauche par pelotons, de la ma-

Commandemens.	Manière d'exécuter.
	nière indiquée à l'Article 3, Titre 5.
En arrière en bataille - par le flanc gauche - derniers pelotons - à gauche . . . . ǂ *Marche*. . . . ǂ	Le commandement, *à gauche*, & le commandement, *marche*, seront répétés par tous les Chefs de peloton, excepté par celui du peloton de la tête, qui, se trouvant face aux autres, n'aura point à bouger pendant le mouvement qu'ils feront pour venir se porter sur son alignement, lesdits pelotons marcheront par le flanc gauche, & se mettront successivement à droite en bataille, à mesure qu'ils arriveront sur la la nouvelle ligne, en se conformant à ce qui a été dit pour les derniers pelotons d'une colonne arrivant, la gauche en tête, *par devant la nouvelle ligne de direction*, Article 4, Titre 7.
	Le Chef du Bataillon fera ensuite porter le Chef de peloton & les têtes à droite, par le commandement *ci-contre*.
Tête-à droite ǂ	

OBSERVATION.

DANS le cas où la nouvelle ligne de direction passerait plus ou moins au-delà de l'extrémité de la droite ou de la gauche, la ligne romprait alors toute entière à droite ou à gauche.

Si, après avoir rompu & s'être prolongé par la droite, l'on doit faire face à sa marche après s'être arrêté sur la nouvelle ligne, l'on se mettra en bataille sur le peloton de la tête, en se conformant à ce qui a été dit dans le *second Article du présent Titre.*

Si, au contraire, étant arrivé sur cette nouvelle ligne, on doit faire face du côté opposé à sa marche, le Chef du Bataillon fera exécuter la contre-marche au peloton de la tête, & l'on se conformera, pour le reste du mouvement, à ce qui a été dit dans le 3e *Article du présent Titre.*

Si, après avoir rompu & s'être prolongé par la gauche, l'on doit faire face à sa marche étant arrivé sur la nouvelle ligne, l'on se mettra en bataille sur le peloton de la tête, en se conformant à ce qui a été dit au 4e *Article du présent Titre.*

Si, au contraire, étant arrivé sur cette ligne, on doit faire face du côté opposé à sa marche, le peloton de la tête exécutera la contre-marche au commandement de son Chef, d'après l'avertissement du Chef du Bataillon, & l'on se conformera, pour le reste du mouvement, à ce qui a été dit dans le 5e & présent Article.

ARTICLE VI.

MOUVEMENS par le centre.

L'ON change la position d'une ligne par des mouvemens du centre, lorsque la nouvelle ligne de direction passe au travers de celle qu'on se propose de quitter.

Alors, si l'on doit faire face à droite, la partie gauche de la ligne qui aura à sa droite la nouvelle ligne de direction, rompra, manœuvrera par sa droite, & arrivera dans la nouvelle position par derrière la nouvelle ligne de direction, tandis que la partie droite de la ligne qui aura à sa gauche la nouvelle ligne de direction, rompra, manœuvrera par sa gauche, & arrivera dans la nouvelle position pardevant ladite ligne de direction.

Si, au contraire, l'on doit faire face à gauche, la partie droite de la ligne qui aura à sa gauche la nouvelle ligne de direction, rompra, manœuvrera par sa gauche, & arrivera dans la nouvelle position par derrière la nouvelle ligne de direction, tandis que la partie gauche de la ligne qui aura à sa droite la nouvelle ligne de direction, rompra, manœuvrera par sa droite, & arrivera pardevant ladite nouvelle ligne de direction.

ARTICLE VII.

MOUVEMENT central à droite de pied ferme.

EN supposant que la nouvelle ligne de direction se trouve à la droite du sixième peloton, comme elle pourrait se trouver à la droite de tout autre, le Chef du Bataillon fera les commandemens *ci-après.*

Commandemens.	*Manière d'exécuter.*
Mouvement central à droite de pied ferme, -la ligne de direction passant à la droite du sixième peloton- Peloton d'alignement... ╪	
Par pelotons à gauche - & à droite..... ╪	A ce commandement, tous les Chefs se porteront en avant du centre de leur peloton.
Marche..... ╪	Au commandement, *marche*; tous les pelotons de la partie droite, excepté le cinquième, feront un mouvement de conversion à gauche, & ceux de la partie gauche, feront un mouvement de conversion à droite; tous

Commandemens. *Manière d'exécuter.*

tous les Chefs se conformeront, pour arrêter leur peloton, à ce qui a été dit Article 1er & 3e du cinquième Titre, excepté celui du sixième peloton, qui, au lieu de commander, *à gauche-alignement*, comme ayant rompu à droite, fera le commandement, *aligement*, & se placera à l'aîle droite de son peloton; le cinquième peloton, auquel son Chef aura commandé, *à gauche-marche*, devant se trouver à la droite du sixième, se portera par le flanc gauche, vers l'endroit où doit appuyer sa droite; il longera ensuite sur la ligne jusqu'à ce que sa gauche touche à la droite du sixième peloton, qui, par son mouvement de conversion à droite, se trouve déjà en bataille; ledit 5e peloton sera arrêté par les commandemens, *halte-front-à-gauche-alignement*, & le Chef de ce peloton se placera à la gauche de son

Commandemens.	*Manière d'exécuter.*
	premier rang en avant du sixième peloton, qui reculera au second rang pour lui céder sa place.
	Aussi-tôt que ces deux pelotons seront ainsi placés, le mouvement général sera exécuté de la manière suivante.
Sur le centre en bataille-par le flanc gauche-derniers pelotons-à gauche ╪	Le commandement, *à gauche*, sera répété & exécuté dans tous les pelotons qui ne sont point encore sur la nouvelle ligne.
Marche.... ╪	Au commandement, *marche*, qui sera aussi répété dans les mêmes pelotons, ceux de la partie droite marcheront par le flanc gauche, arriveront par devant la ligne de direction, & s'y arrêteront pour se mettre à droite en bataille, en se conformant à ce qui a été dit pour les *derniers pelotons* d'une colonne arrivant *la gauche en tête*,

Commandemens.	Manière d'exécuter.
	par devant la ligne; Article 4, Titre 7.
	En même-tems les pelotons de la partie gauche marcheront aussi par le flanc gauche; mais ils arriveront par derrière la ligne, en se conformant à ce qui a été dit pour les *derniers pelotons* d'une colonne, arrivant *la droite en tête par derrière la nouvelle ligne*; Article 1er, Titre 7.
	Lorsque tous les pelotons seront en bataille, le Chef du Bataillon fera le commandement *ci-après*.
Tête-à droite ╪	A ce commandement, chaque Chef de peloton de la partie droite qui était resté à l'aîle gauche de son peloton, se portera à l'aîle droite, & le Chef du sixième peloton qui était au second rang, avancera au premier, aussi-tôt que sa place aura été démasquée par le Chef du cinquième.

ARTICLE VIII.

MOUVEMENT central à gauche de pied ferme.

SI la nouvelle ligne passe à la gauche du cinquième peloton, comme il serait possible qu'elle passât à la gauche de tout autre, le Chef du Bataillon fera les commandemens *ci-après*.

Commandemens.	*Manière d'exécuter.*
Mouvement central à gauche de pied ferme, la ligne de direction passant à la gauche du cinquième peloton-peloton d'alignement . . ‡	
Par pelotons à gauche - & - à droite. . . . ‡	Au commandement, *à gauche & à droite*, tous les Chefs se porteront en avant du centre de leur peloton.
Marche. . . . . ‡	Au commandement, *marche*, tous les pelotons de la partie droite rompront à gauche, & ceux de la partie gauche, excepté le sixième, rompront à droite ; tous les Chefs se conformeront pour arrêter leurs pe-

Commandemens. *Manière d'exécuter.*

lotons, à ce qui a été dit Article 1er & Article 3 du 5e Titre. A l'exception cependant du Chef du 5e peloton, qui, au lieu de commander, *alignement*, comme ayant rompu à gauche, fera le commandement, *à gauche-alignement*, & se portera à l'aile gauche de son peloton; le sixième peloton auquel son Chef aura commandé, *à droite-marche*, devant se trouver à la gauche du peloton d'alignement, se portera par le flanc droit vers l'endroit où doit appuyer sa gauche, & longera ensuite sur la ligne jusqu'à ce que sa droite touche à la gauche du cinquième peloton, qui, par son mouvement de conversion à gauche, se trouve déja en bataille.

Le sixième peloton sera arrêté par les commandemens, *halte-front-alignement*, & le Chef de ce peloton se placera à la droite de son premier rang, en

Commandemens.	Manière d'exécuter.
	avant du Chef du cinquième peloton, qui reculera au second rang pour lui céder sa place; aussi-tôt que ces deux pelotons seront ainsi placés, le mouvement général sera exécuté de la manière suivante:
Sur le centre-en bataille... ╤ *Par le flanc droit-derniers pelotons-à droite* ╤	Le commandement, *à droite*, sera répété & exécuté dans tous les pelotons qui ne sont pas encore sur la nouvelle ligne.
Marche..... ╤	Au commandement, *marche*, qui sera répété par les mêmes Chefs de peloton, ceux de la partie droite marcheront par le flanc droit, arriveront par derrière la ligne, & s'y arrêteront pour se mettre à droite en bataille, en se conformant à ce qui a été dit Article 3, Titre 9, pour les *derniers pelotons* d'une colonne arrivant *la gauche en*

Commandemens.	Manière d'exécuter.
	tête par derriere la nouvelle ligne.
	En même-tems les pelotons de la partie gauche marcheront aussi par le flanc droit; mais ils arriveront pardevant la ligne, & se mettront à gauche en bataille, en se conformant à ce qui a été dit pour les *derniers pelotons* d'une colonne arrivant la *droite en tête par devant la nouvelle ligne*; Article 2, Titre 7.
	Lorsque tous les pelotons seront formés & alignés, le Chef du Bataillon fera le commandement *ci-contre*.
Tête-à droite ✝	A ce commandement, chaque Chef des pelotons de la partie droite, qui était resté à l'aîle gauche de son peloton, se reportera à l'aîle droite; le Chef du 6e peloton s'avancera en faisant *à gauche*, pour laisser passer le Chef du 5e qui était derrière lui, & se remettra à sa place.

ARTICLE IX.

MOUVEMENT central à droite marchant en avant.

EN ſuppoſant que la nouvelle ligne de direction ſe trouve à la droite du quatrième peloton, comme elle pourrait ſe trouver à la droite de tout autre, le Chef du Bataillon fera les commandemens *ci-après.*

Commandemens.	*Manière d'exécuter.*
Mouvement central à droite marchant en avant - la ligne de direction paſſant à la droite du quatrième peloton..... ╤	
Par pelotons - à gauche - & à droite..... ╤	A ce commandement, chaque Chef ſe portera en avant du centre de ſon peloton.
Marche..... ╤	Au commandement, *marche*, tous les pelotons de la partie droite rompront à gauche, & ceux de la partie gauche rompront à droite, excepté le 4ᵉ & 5ᵉ, qui marcheront en avant deux fois l'étendue de leur front, &

Commandemens. *Manière d'exécuter.*

feront arrêtés chacun par leur Chef, qui commanderont, celui du 4e peloton devant avoir la tête de la colonne de droite, *halte-alignement*, & celui du 5e peloton, qui doit avoir la tête de la colonne de gauche, *halte-à gauche-alignement.*

Colonne en avant-Marche..... ǂ Au commandement, *marche*, généralement répété, chaque peloton se mettra en marche, & viendra successivement tourner sur le même terrein qu'occupaient en bataille le 4e & 5e peloton, par le commandement, *tournez à droite*, pour chaque peloton de la partie droite, qui a rompu à gauche, & par le commandement, *tournez à gauche*, pour chaque peloton de la partie gauche, qui a rompu à droite.

Les deux colonnes marcheront à même hauteur, celle de gauche se séparant à quatre pas de celle de droite, dont les pi-

Commandemens.	*Manière d'exécuter.*
	vots droits doivent se diriger vers le point indiqué, en se prolongeant sur la nouvelle ligne.
Colonne-halte ╪	Le commandement, *halte*, sera répété par chaque Chef de peloton, qui commandera ensuite, *alignement*, dans la colonne de droite, & *à gauche-alignement*, dans la colonne de gauche.
Colonne de droite-à droite en bataille.... ╪	A ce commandement, chaque Chef de peloton de la colonne de droite se portera à l'aîle gauche de son peloton.
Marche..... ╪	Le commandement, *marche*, sera répété & exécuté dans la colonne de droite de la manière indiquée à l'Art. 4 du 7e Titre.
Colonne de gauche en avant-Marche..... ╪	Le commandement, *marche*, sera répété & exécuté de la manière prescrite au Titre 6 de la marche des colonnes. Aussi-tôt que la colonne de

Commandemens.	Manière d'exécuter.
	gauche ſera en mouvement, le Chef du bataillon fera les commandemens ci-après.
Sur la droite en bataille-Chefs de pelotons à l'aile droite. ∓	A ce commandement, les Chefs de peloton ſe porteront à l'aile droite de leur peloton, en faiſant le commandement, *tête à droite;* ils commanderont enſuite & ſucceſſivement, *tournez à droite*, à meſure qu'ils arriveront à hauteur de la gauche des pelotons, qui ſont déjà formés en bataille, & ſe conformeront du reſte à ce qui a été dit Article 5, Titre 7.
	Avant que les pelotons de la colonne de gauche commencent à ſe mettre ſur la droite en bataille, le Chef du bataillon fera, au demi-rang de droite, le commandement ci-contre, pour que
Tête-à droite. ∓	les Chefs de peloton & les têtes de ce demi-rang ſe portent à droite.

ARTICLE X.

MOUVEMENT central à gauche marchant en avant.

EN supposant que la nouvelle ligne passe à la gauche du sixième peloton, comme elle pourrait passer à la gauche de tout autre, l'on fera les commandemens *ci-après*.

Commandemens.	*Manière d'exécuter.*
Mouvement central à gauche marchant en avant-la ligne de direction passant à la gauche du sixième peloton . . . . ǂ	
Par pelotons-à gauche - & à droite. . . . . ǂ	A ce commandement, chaque Chef se portera en avant du centre de son peloton.
Marche. . . . . ǂ	Au commandement, *marche*, le 6e & le 5e peloton se porteront en avant deux fois l'étendue de leur front, & seront arrêtés chacun par leur Chef, qui commandera, *halte-alignement*, celui du peloton de droite, & *halte-à gauche-alignement*, celui du

Commandemens.	*Manière d'exécuter.*
	peloton de gauche; en même-tems les pelotons de la partie droite feront leur mouvement de conversion à gauche, & ceux de la partie gauche feront un mouvement de conversion à droite.
Colonne en avant-Marche.... ǂ	Le commandement, *marche*, sera généralement répété par chaque Chef de peloton; les deux colonnes se mettront en mouvement, & se conformeront du reste à ce qui a été dit à l'Article précédent, du *mouvement central à droite marchant en avant.*
Colonne-halte ǂ	Le commandement, *halte*, sera répété par chaque Chef de peloton, qui commandera ensuite, *alignement*, dans la colonne de droite, & *à gauche-alignement*, dans la colonne de gauche.
Colonne de gauche-à gauche en bataille.... ǂ	A ce commandement, chaque Chef de peloton de la colonne de gauche se portera à la droite de son peloton.

Commandemens.	Manière d'exécuter.
Marche..... ≠	Ce commandement sera répété & exécuté de la manière indiquée à l'Article 2, Titre 5.
Colonne de droite en avant-marche..... ≠	Le commandement, *marche*, sera répété & exécuté de la manière indiquée au Titre 6 de la marche des colonnes. Aussi-tôt que la colonne sera en mouvement, le Chef du bataillon fera les commandemens ci-après.
Sur la gauche en bataille-Chefs de pelotons à l'aîle gauche ≠	A ce commandement, les Chefs se porteront à l'aîle gauche de leur peloton, en faisant le commandement, *tête à gauche*; ils commanderont ensuite & successivement, *tournez à gauche*, à mesure qu'ils arriveront à hauteur de la droite des pelotons qui sont déjà en bataille, & se conformeront du reste à ce qui a été dit Article 6, Titre 7. Lorsque tous les pelotons seront en bataille, le Chef du bataillon fera le commandement ci-après.
Tête-à droite. ≠	A ce commandement, les

Commandemens.	*Manière d'exécuter.*
	Chefs de la partie droite se porteront à la droite de leur peloton; chacun tournera la tête à droite, & le Chef du 6e peloton, qui était reculé au second rang, pour céder sa place au Chef du 5e, qui s'était aligné à gauche, s'avancera au premier rang, dès que ce dernier l'aura démasqué.

ARTICLE XI.

MOUVEMENT central à droite, marchant en arrière.

EN supposant que la nouvelle ligne passe à la droite du troisième peloton, comme elle pourrait passer à la droite de tout autre, le Chef du Bataillon fera les commandemens *ci-après*.

Commandemens.	*Manière d'exécuter.*
Mouvement central à droite marchant en arrière-la ligne de direction passant à la droite du troisième peloton . . . . ǂ	
Par pelotons - à gauche - & à droite . . . . ǂ	A ce commandement, chaque Chef se portera en avant du cen-

Commandemens.	*Manière d'exécuter.*
	tre de ſon peloton, excepté le Chef du 3ᵉ & du 2ᵉ, qui feront chacun à leur peloton, les commandemens, *contre-marche-à droite.*
Marche.... ╤	Le commandement, *marche*, ſera répété ſeulement par les Chefs du 3ᵉ & 4ᵉ peloton, qui, pendant que les autres rompront, feront exécuter la contremarche à leur peloton, qu'ils arrêteront par les commandemens, *halte-front-à gauche-alignement*, pour le troiſième peloton, qui doit avoir la tête de la colonne de droite, & *halte-front-alignement*, pour le deuxième peloton, qui doit avoir la tête de la colonne de gauche.
Colonne en avant-Marche..... ╤	A ce commandement, répété par chaque Chef de peloton, les deux colonnes ſe mettront en mouvement; chaque peloton viendra tourner ſucceſſivement ſur le terrein d'où ſont partis les deux pelotons du centre, au commandement,

Commandemens.	*Manière d'exécuter.*
	mandement, *tournez à droite*, fait par chaque Chef dans la colonne de droite, & *tournez à gauche*, fait aussi par chaque Chef dans la colonne de gauche.
	Les deux colonnes se prolongeront ainsi à même hauteur, celle de gauche se séparant, en marchant, à quatre pas de celle de droite.
Colonne-halte ‡	Le commandement, *halte*, sera répété généralement par chaque Chef de peloton, qui commandera ensuite, *à gauche-alignement*, pour les pelotons de la colonne de droite, & *alignement*, pour les pelotons de la colonne de gauche.
Colonne de droite-à gauche en bataille..... ‡	A ce commandement, chaque Chef des pelotons de la colonne de droite se portera à l'aîle droite de son peloton.
Par le flanc gauche-colonne de gauche-à gauche....... ‡	Le commandement, *à gauche*, sera répété & exécuté dans tous les pelotons de la colonne de gauche.

Commandemens.	Manière d'exécuter.
Marche.... ⸸	Le commandement, *marche*, sera répété par chaque Chef de peloton des deux colonnes; les pelotons de la colonne de droite se mettront à gauche en bataille, en se conformant à ce qui a été dit pour une colonne, la droite en tête, se reformant à gauche en bataille, Article 2, Titre 5.
	En même-tems les pelotons de la colonne de gauche marcheront par le flanc gauche, pour arriver successivement pardevant la ligne, & s'y mettre en bataille à la droite des pelotons de la colonne de droite, déjà formés, en se conformant du reste à ce qui a été dit pour les *derniers pelotons* d'une colonne arrivant, *la gauche en tête*, pardevant la nouvelle ligne; Art. 4, Titre 7.
	Aussi-tôt que les pelotons de la colonne de gauche seront en bataille, & qu'ils seront alignés, le Chef du bataillon fera le commandement ci-après.

Commandemens.	*Manière d'exécuter.*
Tête-à droite. ∓	A ce commandement, chaque Chef des pelotons de la partie droite se portera à l'aîle droite de son peloton ; chacun tournera la tête à droite, & le Chef du peloton de droite de la partie gauche, qui était reculé au second rang, pour céder sa place au Chef du peloton de gauche de la partie droite, avancera au premier rang, dès que ce dernier l'aura démasqué.

Article XII.

Mouvement central à gauche, marchant en arrière.

En supposant que la ligne de direction se trouve à la gauche du sixième peloton, comme elle pourrait se trouver à la gauche de tout autre, le Chef du Bataillon fera les commandemens *ci-après.*

Commandemens.	*Manière d'exécuter.*
Mouvement central à gauche marchant en arrière-la ligne de direction passant à la gauche du 6e peloton . . ∓	
Par peloton-à gauche-& à droite.. ∓	A ce commandement, tous

Commandemens.	*Manière d'exécuter.*
	les Chefs se porteront en avant du centre de leur peloton, excepté ceux du 6e & 7e, qui feront à leur peloton les commandemens, *contre-marche*, & *-à droite.*
Marche. . . . ‡	Ce commandement sera répété seulement par les Chefs du 6e & 7e peloton, & sera généralement exécuté, comme il vient d'être dit à l'*Article précédent du mouvement central à droite.*
Colonne en avant-Marche . . . ‡	Le commandement, *marche*, sera généralement répété par chaque Chef de peloton : les deux colonnes se conformeront, en se réunissant pour marcher à hauteur l'une de l'autre, à ce qui vient d'être dit au même *Article du mouvement central à droite.*
Colonne-halte ‡	Ce commandement sera répété & exécuté de la manière indiquée au même *Article du mouvement central à droite.*

Commandemens.	Manière d'exécuter.
Colonne de gauche à droite en bataille. . . . ǂ	A ce commandement, chaque Chef de peloton de la colonne de gauche se portera à la gauche de son peloton.
Par le flanc droit colonne de droite à droite. . . . ǂ	Le commandement, *à droite*, sera répété & exécuté dans tous les pelotons de la colonne de droite.
Marche. . . . ǂ	Le commandement, *marche*, sera répété par chaque Chef de peloton des deux colonnes : la colonne de gauche se mettra à droite en bataille, en se conformant à ce qui a été dit Article 4, Titre 5. En même-tems les pelotons de la colonne de droite marcheront par le flanc droit, pour arriver successivement par-devant la ligne, & s'y mettre à gauche en bataille, à la gauche des pelotons qui sont déjà formés, en se conformant du reste à ce qui a été dit pour les *der-*

Commandemens.	Manière d'exécuter.
	niers pelotons d'une colonne arrivant, *la droite en tête par devant la nouvelle ligne;* Article 2, Titre 7.
	Lorſque tous les pelotons de la colonne de droite ſeront en bataille, & que l'alignement ſera rectifié, le Chef du bataillon fera le commandement ci-après.
Tête-à droite ‡	Ce commandement ſera exécuté comme il a été dit à l'ART. *précédent du* MOUVEMENT *central à droite*, avec cette différence, que le Chef du 7ᵉ peloton s'effacera un peu à gauche, pour laiſſer paſſer le Chef du 6ᵉ, qui s'était reculé au ſecond rang, pour lui céder ſa place au premier, lorſque, par la nature du mouvement, il était arrivé à la gauche de ſon peloton.

TITRE DOUZIEME.

Des différentes manières de faire aux Tambours les signaux de l'épée ou de la canne, avec l'énoncé de batteries qu'ils indiquent, & de leurs différens usages.

ARTICLE PREMIER.

REGLE GÉNÉRALE.

Les signaux seront toujours faits de la main droite ; & lorsque le Commandant d'une Troupe voudra les faire, il se servira plus habituellement de l'épée que de la canne ; mais le Tambour-Major se servira toujours de la canne, soit pour répéter ceux qui lui seront indiqués, soit pour faire particulièrement les siens : il sera tenu d'observer plus de précision que le Commandant dans les positions de tous les signaux, & d'en forcer davantage le mouvement.

Nota. J'avoue que d'après l'impossibilité où j'ai été de me procurer ici l'Ordonnance qui prescrit la manière de faire les signaux aux Tambours, il pourrait arriver que mon explication ne fût pas en tout point régulièrement conforme à ladite Ordonnance ; mais j'observe que m'étant appliqué à n'indiquer que des positions naturelles & le plus généralement usitées, chaque signal est toujours en soi le même.

ÉNONCÉ des Batteries, & leurs usages.	MANIÈRE d'en faire les signaux.

ARTICLE II.

Roulemens & coups de baguette.	*Signal.*
Les roulemens s'emploient pour fixer l'attention d'une Troupe au repos, & pour faire cesser les feux ; ils servent aussi pour avertir qu'on va donner l'ordre, ou faire l'appel, lorsqu'ils sont suivis ou précédés de coups de baguette.	Élever l'épée droite, le bras presque tendu, & l'agiter circulairement tant que le roulement doit durer. Lorsqu'on veut faire cesser le roulement, il faut élever un tant soit peu le poignet, & aussitôt ensuite abaisser vivement la pointe de l'épée vers la terre. L'on reprend ensuite la position du roulement, si l'on doit faire donner des coups de baguette, & l'on marque chaque coup par un mou

ÉNONCÉ des Batteries, & leurs usages.	*MANIÈRE d'en faire les signaux.*
	vement de poignet, en le baissant un peu, & le relevant aussi-tôt, sans changer la direction de l'épée, qui doit rester droite, la pointe en haut & immobile, pendant l'intervalle d'un coup à l'autre.

L'on fait cesser toutes les différentes batteries de la même manière qu'on fait cesser le roulement.

ARTICLE III.

La Générale.	*Son signal.*
L'on bat la générale lorsque toutes les Troupes d'un camp ou d'une place doivent prendre les armes.	Alonger le bras droit sur le côté, le poignet à hauteur de l'épaule, les ongles en avant, tenant la lame de l'épée à quatre pouces au dessous de la monture, la pointe vers la terre.

ARTICLE IV.

L'Assemblée, *ou* le Second.	*Son signal.*
Cette batterie s'em-	L'on porte le bras en

ÉNONCÉ des Batteries, & leurs usages.	MANIÈRE d'en faire les signaux.
ploie pour avertir les Troupes de se rendre au lieu de l'assemblée, & l'on s'en sert journellement pour assembler la garde.	avant de soi, le poignet renversé, de manière que les ongles se trouvent face à gauche, & que le pouce soit placé sur le pommeau de l'épée, qui doit être tenue perpendiculairement la pointe en bas.

ARTICLE V.

Le Rappel.	*Son signal.*
L'objet de cette batterie est de faire rentrer dans leur rang les soldats dispersés, auxquels on a permis le repos pendant une marche, ou dans l'intervalle des manœuvres; l'on s'en sert aussi à la guerre pour rallier les troupes, & pour faire des propositions à l'ennemi: elle s'emploie encore dans le courant	L'on place la lame de l'épée sur l'épaule droite, la pointe en arrière, tenant la poignée à un demi-pied en avant, & un peu plus bas que l'épaule.

ÉNONCÉ des Batteries, & leurs usages.	MANIÈRE d'en faire les signaux.
d'une marche de route, pour faire arrêter ou ralentir le pas à la tête de la colonne, lorsque la queue ne peut pas suivre.	

ARTICLE VI.

Le Drapeau.	*Son signal.*
Cette batterie s'emploie lorsqu'on va chercher ou déposer les drapeaux; on s'en sert aussi pour faire poser les armes aux faisceaux, dans les camps ou autres lieux où les troupes se trouvent.	Élever le poignet à dix pouces sur le côté, à hauteur de l'œil droit, le bras un peu ployé, la lame de l'épée placée horizontalement & parallèlement, à un demi-pied devant les yeux.

ARTICLE VII.

Le Ban.	*Son signal.*
Lorsqu'on veut recevoir un Officier, ou publier quelque Ordonnance ou Réglement, l'Officier qui commande	Renverser le poignet, en plaçant la lame sur la saignée du bras gauche, qui doit être à demi-ployé, la pointe de l'é-

ÉNONCÉ des Batteries, & leurs usages.	MANIÈRE d'en faire les signux.
fait battre un ban pour fixer l'attention du soldat.	pée plus élevée que la monture.

ARTICLE VIII.

Aux Champs *ou* la Marche.	*Son signal.*
Quoique ces deux dénominations soient synonymes, puisque la même batterie désigne l'un & l'autre objet, il est d'usage néanmoins de l'employer pour des circonstances différentes. L'on bat aux champs pour rendre des honneurs militaires; l'on emploie aussi cette batterie pour suppléer à celle de la générale, lorsqu'il y a plusieurs troupes de différens corps dans une garnison ou dans un camp; elle ne concerne alors	Élever l'épée droite la pointe en haut, étendant le bras sur le côté, le poignet un demi-pied plus haut que l'épaule droite.

ÉNONCÉ des Batteries, & leurs usages.	MANIERE d'en faire les signaux.
que la troupe qui a été prévenue de se tenir prête à prendre les armes; dans ce cas, cette batterie s'appelle le premier; l'on s'en sert aussi pour la marche du pas ordinaire.	

ARTICLE IX.

Le Pas de Manœuvre.	*Son signal.*
Cette batterie s'emploie pour régler la vitesse du pas pendant le cours de l'exercice; on s'en sert aussi quand on conduit les gardes ou détachemens à leurs postes, ou quand on les ramène à leur quartier ou à leur camp.	Élever le bras en l'alongeant sur le côté, le poignet quatre pouces plus haut que l'épaule droite, les ongles en avant, & la pointe de l'épée plus basse que la monture.

ARTICLE X.

La Charge.	*Son signal.*
Cette batterie s'emploie pour charger l'en-	Alonger le bras devant soi, le poignet à hauteur

ÉNONCÉ des Batteries, & leurs usages.	*MANIÈRE d'en faire les signaux.*
nemi : on la commence d'abord presque aussi lentement que le pas ordinaire, l'accélérant peu à peu, mais ne changeant le degré de vîtesse que de cent à cent pas, jusqu'à ce que la batterie soit à raison de cent vingt pas par minute.	du menton, les ongles en haut, tenant l'épée horizontalement la pointe en avant. L'on fait accélérer la vîtesse de cette batterie en réitérant le même signal, & poussant alternativement & à coups redoublés la pointe de l'épée en avant.

ARTICLE XI.

La Retraite.	*Son signal.*
Cette batterie sert d'avertissement aux troupes pour se retirer dans leur quartier ou dans leurs tentes ; on s'en sert aussi à la guerre pour faire replier les troupes.	Croiser l'épée derrière le dos, en appuyant le poignet à la hanche droite.

ARTICLE XII.

La Berloque	*Son signal.*
Cette batterie s'emploie pour aller aux re-	Alonger le bras de manière que le poignet se

ÉNONCÉ des Batteries, & leurs usages.

doutes, fascines, & à toute autre espèce de corvée ou distribution, de même que pour faire rentrer les travailleurs ; elle s'emploie aussi pour faire rentrer la troupe après l'exercice.

MANIÈRE d'en faire les signaux

trouve en avant, & vis-à-vis l'épaule droite, tenant l'épée avec le bout des doigts par le pommeau, la pointe tombant perpendiculairement à terre.

ARTICLE XIII.

Le Pas de Route.

Comme on a adopté dans le Corps des Cipayes une batterie pour la marche de route, j'ai cru devoir mettre l'explication de son signal au rang des autres.

Son signal.

Empoigner la lame de l'épée vers le milieu, avec les deux mains distantes d'un pied l'une de l'autre, les ongles en dessous, les deux bras alongés, & la lame de l'épée placée horizontalement & parallèlement devant la cravatte

ARTICLE XIV.

La Diane.

L'on bat la diane

Son signal.

J'ai toujours ouï dire

ÉNONCÉ des Batteries, & leurs usages.	*MANIÈRE d'en faire les signaux.*
avant l'ouverture des portes sur les remparts des villes de guerre, & à l'armée ou dans les camps de paix, au point du jour, & sur l'alignement des gardes du camp, afin d'éveiller le soldat, ou de prouver à l'ennemi qu'on est sur ses gardes : l'on bat aussi la diane au point du jour, dans les quartiers ou cantonnemens.	que la diane n'avoit point de signal.

ARTICLE XV.

OBSERVATION sur les Batteries dont on ne fait point usage dans les corps des Cipayes.

L'ON sait qu'il y a dans les Troupes Européennes une batterie, dont l'objet est d'avertir que l'on va dire la Messe ou faire la Prière ; mais comme cet usage n'est point pratiqué parmi les Cipayes, il m'a paru inutile d'en donner d'autre explication.

L'on sait aussi que l'Ordonnance du Roi a fixé à chaque Régiment une marche de nuit particulière,

lière, afin d'éviter l'incertitude du soldat, qui, se trouvant égaré, pourrait ignorer si la batterie qu'il entend est de son Régiment ou d'un autre.

Il serait à desirer, par la même raison, qu'on en fixât une pour chaque Corps de Cipayes, afin que, dans certains cas, ceux qui se trouveraient aussi égarés, puissent rejoindre le drapeau de leur Bataillon sans se méprendre.

TITRE TREIZIEME.

MANIERE de passer les Revues d'honneur, d'Inspection & de Commissaire des Guerres.

ARTICLE PREMIER.

REVUES D'HONNEUR ET D'INSPECTION.

LES revues d'honneur se passent à rangs serrés, à moins que la personne que l'on doit recevoir, n'ait donné l'ordre de les ouvrir.

Chacun se tiendra à la place qui lui est indiquée au Titre 1er de la *formation en bataille*; l'Aide-

Major Européen ira cinquante pas au devant de la perſonne que l'on doit recevoir, l'accompagnera juſqu'à la gauche du Bataillon, où il ſaluera ſur l'alignement du Commandant, qui doit être placé en avant de la droite de la Compagnie du premier Factionnaire.

Les Tambours ſe tiennent à deux pas de la droite des Grenadiers, & ſur le même alignement, le Tambour-Major à la droite & ſur l'alignement des Tambours.

Si la perſonne doit être ſaluée, les Tambours battent lorſqu'elle arrive, & la troupe préſente les armes.

Le Commandant ſeul ſalue de l'épée, & le Porte-Drapeau du drapeau, à meſure que ladite perſonne paſſe devant eux.

Les Tambours battent aux champs pour un Vice-Roi ou Maréchal de France, de même qu'ils le font pour les Princes du Sang & Légitimés de France : ils rappellent pour un Lieutenant Général, & doivent être prêts à battre pour un Maréchal de Camp, de même que pour tout Brigadier ou Colonel qui ſe trouverait employé comme Inſpecteur.

Si la perſonne arrive par la gauche de la ligne,

on fera le commandement, *tête-à gauche*; si elle veut voir défiler, l'on fera rompre à droite par divisions ou par pelotons, & chaque Chef alignera sa subdivision à gauche, après avoir fait son mouvement; mais avant de se mettre en marche, ou lorsque la tête de la colonne ne sera plus qu'à dix pas de la personne devant laquelle on doit défiler, le Chef du Bataillon fera le commandement, *tête-à droite*, si la personne se trouve placée de ce côté, & ce commandement sera répété généralement par tous les Chefs de subdivision.

ARTICLE II.

ORDRE dans lequel on doit défiler dans les Revues d'honneur ou d'Inspection.

L'Aide-Major Européen, à la tête de la colonne; à quatre pas derrière lui, le Tambour-Major, à la tête des Tambours, qui doivent être sur deux rangs & à huit pas en avant du Commandant de la Compagnie des Grenadiers.

Le Chef du Bataillon, quatre pas en avant du Commandant de la première division de Fusiliers, ayant à sa gauche, & deux pas en arrière de lui, l'Aide-Major Indien.

Le Chef du Bataillon, l'Aide-Major Européen,

& le Porte-Drapeau, saluent, à mesure qu'ils passent à hauteur de la personne devant laquelle on défile.

ORDRE à observer dans les Revues d'Inspecteur.

Lorsque l'inspection de la troupe sera le seul objet de la revue, les Tambours resteront, de même que pour les revues d'honneur, à la droite du Bataillon, à l'arrivée de l'Inspecteur; mais chacun d'eux se rendra aussi-tôt à sa Compagnie, si l'Inspecteur l'ordonne, avant ou après avoir passé devant le front, de même que si, voulant voir chaque Compagnie en particulier, il donnait l'ordre de faire rompre par division, & de former chaque division sur un rang.

Les revues d'Inspecteur se passent, quant à la formation, dans l'ordre où sont faits les livrets, c'est-à-dire, que chacun reste à sa Compagnie, & que chacun est placé à son rang d'ancienneté: on observe, du reste, le même ordre que dans les revues d'honneur.

ARTICLE III.

REVUES de Commissaire des Guerres.

CES revues se passent indistinctement à rangs

ouverts, étant en bataille, ou chaque Compagnie sur un rang, étant en colonne, & toujours par rang d'ancienneté & suivant la formation des livrets.

Avant l'arrivée du Commissaire, chaque Tambour doit être placé à sa Compagnie.

Le Commissaire voulant s'assurer si la force sous les armes se trouve conforme au livret de revue qui doit lui avoir été remis, est en droit d'appeller chacun par son nom, & peut exiger ensuite que la troupe défile par sections, s'il le juge nécessaire, pour que la vérification soit exacte.

ARTICLE IV.

MANIÈRE de faire les Livrets pour les Revues d'Inspecteur & de Commissaire des Guerres.

LES livrets doivent faire mention nominativement, & par rang d'ancienneté, dans chaque Compagnie, des hommes présens sous les armes, en y désignant les recrues, les malades aux hôpitaux, les hommes détachés pour le service, les absens par congé, les congédiés, désertés & morts, s'il y en a depuis l'époque de la dernière revue; &

la récapitulation numérative doit en être faite à la fin dudit livret, pour servir d'objet de comparaison avec l'état nominatif qui a été fait de chaque Compagnie en particulier.

FIN.

TABLE.

TITRE V. *Des différentes manières de rompre & se reformer.*

TITRE VI. *De la marche des Colonnes, des commandemens dans les Colonnes, avec distance entière, ou demi-distance entre les Subdivisions.*

TITRE X. *Du passage des lignes.*

Fin de la Table.

www.ingramcontent.com/pod-product-compliance
Ingram Content Group UK Ltd.
Pitfield, Milton Keynes, MK11 3LW, UK
UKHW020557230726
13926UKWH00005B/2078

9 782016 118313